Alice Schwarzer
So sehe ich das!

Über die Auswirkung von Macht und
Gewalt auf Frauen und andere Menschen

W0088737

Kiepenheuer & Witsch

2. Auflage 1999

© 1997 by Verlag Kiepenheuer & Witsch, Köln
Alle Rechte vorbehalten. Kein Teil des Werkes darf in irgendeiner
Form (durch Fotografie, Mikrofilm oder ein anderes Verfahren)
ohne schriftliche Genehmigung des Verlages reproduziert oder
unter Verwendung elektronischer Systeme verarbeitet,
vervielfältigt oder verbreitet werden.
Umschlaggestaltung Manfred Schulz, Köln
Umschlagfoto Bettina Flitner
Gesamtherstellung Clausen & Bosse, Leck
ISBN 3-462-02601-1

Inhalt

Vorwort

Die meisten der folgenden Texte würden so wohl nicht existieren, wenn es EMMA nicht gäbe. EMMA, die Zeitschrift, die ich 1977 gegründet habe und seither herausgebe, ist das Forum, das es auch mir erlaubt, einen anderen Blick als üblich auf die Ereignisse zu werfen. Ereignisse, die in den Medien mal große Schlagzeilen machten und mal kaum der Rede wert waren.

Von meinen Reportagen, Porträts, Kommentaren und Essays, deren Themen über den Tag hinausgehen, ist dies die vierte Textsammlung, die als Buch erscheint (nach »Mit Leidenschaft«, »Warum gerade sie?« und »Von Liebe + Haß«). Die Texte stammen aus der Zeit von 1992 bis 1997, erstrecken sich also über einen Zeitraum von fünf Jahren. Erst der ganze Bogen läßt erkennen, von welcher Haltung her darin Kernfragen der Geschlechter- und Machtverhältnisse anhand aktueller Ereignisse grundsätzlich reflektiert werden.

Die Themen der 80er Jahre eskalierten in den 90ern: Pornographie und Sexualgewalt, die Bocksprünge des Feminismus, das sich unaufhaltsam verändernde Selbstverständnis von Frauen (und Männern) und der prompte Rückschlag – allem voran der weltweite religiöse Fundamentalismus. Von Tag zu Tag die Ereignisse berichten, analysieren und werten – das heißt auch, die Hintergründe und Systematik der Entwicklungen herausschälen können.

Um einige dieser Texte hat es öffentliche Debatten gegeben: So um meine Analyse der Fotos von Helmut Newton als frauenfeindlich und menschenverachtend; um meine Kritik an der Friedenspreisverleihung 1995 an die mit den islamischen Fundamentalisten sympathisierende deutsche Orientalistin Annemarie Schimmel oder um

11

meinen Beistand für den australischen Ethiker Peter Singer, der hierzulande als »behindertenfeindlich« geschmäht wird.

Aber auch meine Kritik an Woody Allen, der seine soziale, minderjährige Tochter verführte und später ehelichte; meine Kritik an der Voreingenommenheit gegen »Mutter Weimar« und der Kumpanei mit »Vater Weimar« und nicht zuletzt meine Verknüpfung von Frauenrechten und Tierrechten lösten heftige Reaktionen aus. Hier nun sind die Texte im Original und in ihrem Gesamtkontext – nun ist es an den LeserInnen, sich selbst eine Meinung zu bilden.

Natürlich ist es kein Zufall, daß die umstrittensten Texte immer diejenigen sind, in denen eine bisher ungewohnte, neue Sicht der Dinge auftaucht. Genau darum sind genau das die Fragen, an denen auch ich selbst weiterdenken und weiterschreiben werde.

Köln, im Februar 1997

Die SS des Patriarchats
Über die Rolle der Sexualgewalt beim
Erhalt der Männermacht

Sind Sie eine Frau? Wenn ja, dann stellen Sie sich nur einmal und wenigstens ein paar Minuten lang Folgendes vor: Wir leben in einer Welt, in der es alle Freuden und Probleme gibt, die Sie kennen. Liebe und Haß, Freiheit und Abhängigkeit, Sinnlichkeit und Gewalt. Nur ein Problem gibt es nicht: Es gibt auf der Straße keine Sexualverbrecher mehr, weder Vergewaltiger noch Lustmörder. Es gibt zwar immer noch die private (Sexual)Gewalt gegen Frauen, aber wenigstens keine öffentliche mehr.

Können Sie sich vorstellen, wie wir Frauen uns in einer solchen Welt bewegen? Wie wir durch die Straßen schlendern. Wie wir in langen Sommernächten im Park sitzen (zwar immer noch auf der Hut vor Räubern, aber befreit von der Angst vor Vergewaltigern). Wie wir auf Abenteuerreisen gehen, quer durch den Dschungel der Städte und der Natur. Wie frei wir wären, relativ frei. Wie übermütig und verwegen. Es wäre ein anderes Leben! Ein Leben, von dem jeder Mann weiß. Ein Leben, von dem Frauen noch nicht einmal etwas ahnen.

Das Verhältnis zwischen Männern und Frauen ist seit Jahrtausenden ein Machtverhältnis, in dessen Strom sich nur einzelne auf Inseln der Zärtlichkeit und des Respekts retten können. Unterm Strich aber profitieren Männer und zahlen Frauen drauf. Machtverhältnisse aber, auch die zwischen den Geschlechtern, funktionieren nur, solange die Unterdrückten stillhalten. Dazu müssen sie Angst haben, müssen den Preis der Auflehnung kennen. Und die, die rebellieren, müssen diesen Preis zahlen, sichtbar zahlen. Das ist logisch. Zur wahren Machterhaltung aber gehört immer auch die scheinbare Unlogik: die

13

Willkür des Terrors. Es kann jede treffen. Egal, was sie tut.

Für uns Frauen bedeutet das: Eine jede ist Opfer von Sexualgewalt oder kann es werden – egal wie stark oder selbstbewußt sie ist. Für die Männer heißt das: Ein jeder ist Täter oder kann es werden – egal wie gerecht oder bewußt er ist. Denn das Furchtbare ist, daß der Mann seinen eigenen Körper zur Waffe gemacht und Liebe und Haß schier unlösbar verknüpft hat. Diesen Körper haben Frauen lieben und hassen gelernt.

Alle Frauen wissen um die Gefahr, auch die, die sie nicht wahrhaben wollen. Unsere Mütter haben sie uns zugewispert, oft ohne Worte. Unsere Schwestern werden vor unseren Augen ihre Opfer. Und unseren Freunden sind wir dankbar, wenn sie keine Täter sind. Denn dieses Wissen um die drohende Erniedrigung und Zerstörung sitzt tief in uns allen. Es prägt jedes Gefühl, jeden Gedanken, jede Regung. Und sollten wir es in Momenten des Übermuts einmal vergessen, dann erinnert uns spätestens die rituelle Tagesmeldung über die Vergewaltigung oder den Sexualmord von nebenan wieder daran.

Im Interessenkonflikt zwischen Völkern und Rassen wird geschossen und gebombt. Im Interessenkonflikt zwischen den Geschlechtern wird gerammelt und gewürgt. Aber erst der Lustmörder macht uns klar, daß wir Frauen der allerletzte Dreck sind. Eine, die man nicht nur dumm anmachen, antatschen und vergewaltigen kann, sondern eine, die man auch zerstören und zerstückeln kann. Eine, die Lust macht – Lust zu töten.

Auf dem Schlachtfeld dieses längsten und nie erklärten oder zugegebenen Krieges der Menschheitsgeschichte haben Vergewaltiger und Lustmörder eine zentrale Funktion. Vergewaltiger sind die »Stoßtrupps, die terroristischen Guerillas« (so Susan Brownmiller schon 1976). Und Lustmörder, Lustmörder sind die Elite, die SS des Patriar-

14

chats. Unabhängig von der jeweils subjektiven Verfassung der Täter sind ihre Opfer nie Zufallsopfer, sondern strategisch unentbehrlich zur Machterhaltung. Diese Opfer dienen der Einschüchterung aller Frauen: Seht her, das machen wir mit einer wie euch.

Die Militärsoziologin Ruth Seifert analysierte in Emma, daß in Gesellschaften mit stabilen Geschlechterverhältnissen am wenigsten und in unstabilen am meisten vergewaltigt wird. Stabil meint: gefestigt gleich oder gefestigt ungleich. Instabil meint: erschüttert durch Frauen, die die Vorherrschaft von Männern in Frage stellen. Sexualgewalt ist also keine Frage von Lust, sondern eine von Macht. Sexualgewalt ist ein politisches Instrument, und ihre Opfer sind politische Opfer.

Dies zu Ende zu denken, ist bedrückend. Aber es ist auch ermutigend. Denn nur wenn wir der Wahrheit ins Gesicht sehen, können wir sie auch begreifen – und beginnen, sie zu verändern. Von sympathisierenden Männern müssen wir die eindeutige Absage an jegliche Sexualgewalt verlangen, Hilfe beim Schutz von Frauen und Bekämpfung der Sexualverbrecher. Von einem Staat, der vorgibt, nicht länger Männerstaat, sondern Demokratie für alle sein zu wollen, ist zumindest das Ernstnehmen der Sexualgewalt zu erwarten, das Erkennen ihres Ausmaßes und ihrer Wurzeln sowie ihre Bekämpfung. Dazu gehört übrigens auch, daß die Täter endlich ernstgenommen werden. Denn nur die Erkenntnis von Schuld auch durch die Täter selbst ermöglicht auch die Verarbeitung und gibt damit eine Chance zur Veränderung.

Und wir Frauen? Verdrängen und Leugnen nutzt wenig. Sich Beugen, noch weniger. Doch die Schande ist nicht die der Opfer, sie ist die Schande der Täter. Erobern wir uns also den Stolz zurück! Greifen wir nach den Sternen – auch nachts.

Bye-bye, Woody Allen
Zur Verantwortung der neuen, sozialen Väter

Ich konnte Mia Farrow noch nie leiden. Diese kattun-röckige Mütterlichkeit. Diese zwanghafte Gebär- und Adoptierfreudigkeit. Dieses demonstrative Familien-glück. Und ausgerechnet auf die fiel Woody Allen rein, mein so komischer Anti-Held.

Mit gemischten Gefühlen sah ich ihn seither als Teil die-ser alternativen Trapp-Familie durch die Straßen und Stu-dios von Manhattan ziehen. Seine immer sentimentaler werdenden Filme dokumentieren das späte Glück dieses alternden Heimatlosen, der doch noch ein Heim gefun-den zu haben schien.

Und jetzt das! Eines der aufschlußreichsten Lehrstücke im Geschlechterclinch zwingt mich zum Umdenken. Diese Parabel vom großen Regisseur mit dem kleinen Mädchen erzählt uns vom Bankrott des neuen Vaters und der sogenannten freien Beziehungen.

Wie haben wir dafür gekämpft, daß Gefühle nicht nur zählen, wenn sie staatlich besiegelt sind; und als Familie nicht nur gilt, was durch Blutsbande verknüpft ist! Heutzu-tage heiraten immer weniger Paare. Und egal, ob die El-tern verheiratet sind oder nicht: Die Mehrheit aller Kinder muß damit rechnen, über weite Teile ihrer Kindheit mit mindestens einem nicht- biologischen, also einem sozia-len Elternteil aufzuwachsen; seltener nach Adoption und meist nach Scheidung oder Trennung.

Woody Allen war so ein sozialer Vater. Er hat elf Jahre lang öffentlich den »neuen« Vater für alle Kinder dieser Familie gemimt, hat selbst ein Kind von Farrow bekom-men und die zwei einzigen noch »vaterfreien« Kinder adoptiert. Soon Yi ist nur zufällig nicht auch auf dem Pa-pier seine Tochter, denn sie war schon von seinem Vorgänger bei Farrow adoptiert worden. Im Leben aber war auch sie zehn Jahre lang Allens Tochter.

Farrow entdeckte das Verhältnis im Januar: sie fand in Allens Wohnung (das Paar wohnte getrennt) pornographische Fotos der gemeinsamen Tochter. Sie machte es aber erst im August öffentlich – und reagierte damit auf Allens Sorgerechtsklage für den gemeinsamen Sohn Satchel und die beiden gemeinsamen Adoptivkinder (darunter auch Dylan).

Erst nach dieser Enthüllung gestanden der 56jährige und die 20jährige ihr Verhältnis. Allen sieht »überhaupt kein moralisches Problem«, und Soon Yi zeigt sich an seiner Seite triumphierend der Presse. Da ist kein Zögern, kein Wort des Bedauerns, kein Mitleid und auch keine Scham. Wie skrupellos ist er? Und wie kaputt ist sie?

Als Mia Farrow das Kind auf den Philippinen auf der Straße auflas (in einem Land, das amerikanische GIs zum ersten der internationalen Bordelle in Nahost machten), da hatte Soon Yi bereits sechs, sieben Jahre auf der Straße vegetiert. Niemand weiß, was die Kleine schon alles über sich hat ergehen lassen müssen.

Bald darauf schrieb ihre neue Mutter über das Mädchen: »Sie lernt, daß man Menschen vertrauen kann.« Leider scheint sie nicht gelernt zu haben, daß Menschen auch ihr vertrauen können müssen...

Der berühmte alternde Regisseur und die unbekannte blutjunge Studentin begannen ihr Verhältnis wohl nicht zufällig mit einem Bündnis gegen Mia Farrow. Er selbst erzählt in einem seiner zahllosen Interviews, sie habe sich beim ersten gemeinsamen Ausgehen über die Mutter beschwert.

Die Aggression gegen Farrow scheint also der Beginn der Komplizität zwischen den beiden gewesen zu sein. Allerdings: Das Mädchen ist von Mia gewählt – und ge-

17

rettet! – worden, der Mann aber hat sich frei für Mia entschieden. Und es scheint gerade ihr Lebensmodell, diese große unkonventionelle, kinderreiche Familie gewesen zu sein, die ihn anzog.

Doch das war einmal. Jetzt ist er's leid. Der neue Vater geht – nicht ohne noch eine Bombe zu werfen. Die neue Mutter bleibt zurück: tief gedemütigt, um eine Tochter ärmer und verantwortlich für die bleibenden acht schwer verunsicherten Geschwister von Soon Yi.

Allen und Farrow konnten es sich moralisch wie materiell leisten, unverheiratet zu sein und in zwei Wohnungen zu leben, diesseits und jenseits des Central Parks. Ihr Lebensmodell war zum Vorbild für das fortschrittliche Amerika geworden. Ihr Scheitern muß eine Warnung für alle sein.

Müssen Mütter aus dem Fall Allen den Schluß ziehen, daß soziale Väter gefährlicher sind? In der Tat zeigen neue Statistiken: der sexuelle Mißbrauch kommt in Pflegefamilien noch häufiger vor als in »Bluts«familien. Sicher, auch biologische und verheiratete Väter vergreifen sich an ihren Kindern, aber sie tun es wenigstens nicht triumphierend und im Licht der Öffentlichkeit. Die sich an ihren Kindern vergreifenden sozialen Väter können weniger auf die offene Sympathie der new boys und ihrer girls rechnen. Federführend dabei waren hierzulande mal wieder »taz« und »Spiegel« – eben genau die Szene, in der der soziale Vater besonders häufig vorkommt. In dem Berliner Alternativ-Blatt durfte ein Ulf Erdmann Ziegler schwärmen: »Allen ist für die gesamte Linke Europas ein unumstrittener, bewunderter Star, ein phantastischer, erfolgreicher Autorenfilmer, der Strindberg und Ibsen begriffen und transportiert hat.« Und Genies dürfen bekanntlich alles. Jenseits von Schuld und Sühne.

»Der Mann hat meine Sympathie«, jubelte einige Tage

später Christel Dormagen (auch »konkret«, ehemals »Courage«) in einem Interview mit Katharina Rutschky, der Vilar des alternativen Mannes und Propagandistin des vielstrapazierten Schlagwortes vom »Mißbrauch des Mißbrauchs«.

Die Spiegel-»Expertin«, eine Psychologin namens Marie Luise Kluck, rapportiert beflissen: »Auch bei uns tauchen immer häufiger Mißbrauchsvorwürfe auf, wenn erbittert um das Sorge- und Besuchsrecht gestritten wird.« Und das geht, laut Kluck, dann so: »Wenn eine Mutter die Mißbrauchskarte zieht, kann sie ihre Interessen sehr viel leichter durchsetzen, weil die Beweislage äußerst schwierig ist.« Die Mißbrauchskarte. Dabei »fällt auf, daß es nur in relativ wenigen Fällen auch zur strafrechtlichen Anzeige (gegen den Vater) kommt«. Warum wohl?

Weil die Väter so arm sind. Auch »Woody Allen liebte nichts mehr als seinen privaten Frieden«, weiß Hellmuth Karasek (der sich zuletzt als Befürworter des »Babyfikker« profilierte). Der Spiegel-Autor bedauert, daß Allen nun von der »Öffentlichkeit auf das gräßlichste eingeholt und an den Pranger gestellt« wurde. Wegen so einer privaten Lappalie. Schuld daran ist in den Augen Karaseks natürlich diese Farrow. Schuld sind immer die Ex-Frauen – nur scheinen die Noch-Frauen nicht zu begreifen, daß sie die Ex von morgen sind.

Farrow »soll« nach der Entdeckung der Aktfotos »ihre Stieftochter monatelang terrorisiert haben«, kolportiert Karasek und seufzt: »Der Kinogänger mag (nachträglich) ahnen, wie schwer dieser Liebes- und Vertrauensbruch Allen zugesetzt hat.«

Auch die Kinogängerin ahnt. Sie ahnt, wie unzumutbar die Belastung für den Regisseur gewesen sein muß, während der Dreharbeiten zu seinem letzten Film mit Farrow (mit dem sinnigen Titel »Ehemänner und Ehefrauen«) vor seiner Frau das Verhältnis mit der gemeinsamen Tochter verbergen zu müssen – vor allem, da Soon Yi fast permanent mit im Studio war. Und die Kinogängerin freut sich, daß Produzent Allen und sein Verleih sich kurzfristig entschlossen haben, diesen Film zwei Wochen früher als geplant zu starten. Bei *der* PR.

Nein, in Wahrheit überrascht mich das alles nicht sonderlich. Aber weh tut es dennoch. Denn Woody Allen ist nicht irgendeiner. In seinem letzten, in Europa ganz unverstandenen Film (»Schatten und Nebel«) ging es dem 1935 geborenen Juden um die Kälte des Holocaust. Die Frauen schnitten, wie meist, kläglich ab; die Bordellszene war grob und reaktionär. Ich machte die Augen zu. Ich hatte keine Lust, mir auch noch den Film verderben zu lassen.

Jetzt aber kann ich die Augen nicht länger schließen. Bye-bye, Woody Allen.

PS: Einige Monate später heirateten Woody Allen und Soon Yi Farrow. Das Verhältnis muß begonnen haben, als sie 15 oder 16 war (das Alter des Straßenkindes stand nie genau fest).

Prostitution ist in
Über die neuen Gefahren der
Scheinliberalisierung

Es ist schon einige Jahre her. Sie stand plötzlich vor meiner Tür. Sie müsse mit mir reden, unbedingt. Sie könne so nicht länger leben. Auf mich war sie durch ein Vorwort gekommen, das ich 1981 für Kate Milletts Buch »Das verkaufte Geschlecht« geschrieben hatte. Sie war Mitte 20 und ab 16 auf den Strich gegangen, auf den Drogenstrich am Kölner Hauptbahnhof. Seit einigen Jahren war sie runter, mit Hilfe von Freunden. Aber es ließ sie nicht los.

Sie klammerte sich an mich wie eine Ertrinkende: »Nachts liege ich wach oder habe Alpträume, tags Migräne. Anfassen darf mich keiner, sonst drehe ich durch. Mal spür ich meinen Körper überhaupt nicht, mal brennt er wie Feuer. Alles ist angefaßt, mein Innerstes. Das Schlimmste waren die Demütigungen. Ich komme einfach nicht drüber weg...«

Es ist wahr, für mich ist Prostitution kein schickes Thema. Ich weiß zuviel. Das erste Mal saß ich Prostituierten 1967 gegenüber, in der Bordellküche von Mönchengladbach. Damals war ich noch Volontärin, und es ging mir um die Frage nach der Steuerpflicht für »die Damen des ältesten Gewerbes der Welt« (wie es gerne neckisch hieß). Es war ein Kommen und Gehen in der Küche, die Frauen arbeiteten zwischendurch, gingen für zehn, zwanzig Minuten raus. Nach zwei, drei Stunden waren wir uns einig: Prostituierte haben nicht die gleichen Rechte, also haben sie auch nicht die gleichen Pflichten.

So schrieb ich es. Gleich nach Erscheinen riefen die Frauen mich an und fragten, ob ich nicht mit ihnen zusammen ein Blatt machen wolle, »in dem wir für unsere Rechte kämpfen«. Das war immerhin vier Jahre vor der Frauenbewegung in Deutschland. Ich volontierte erst mal brav zu Ende und ging dann nach Paris.

Auch da war ich bald wieder mit Prostituierten zusammen. Diesmal nicht als Berichterstatterin, sondern als Feministin. Aus Protest gegen Doppelmoral und Polizeiwillkür besetzten wir zusammen eine Kirche in Lyon, später eine zweite in Paris. Wir formulierten Forderungen, verteilten Flugblätter und schockierten Spießer. Ja: Wir gehören zusammen, wir »anständigen« und wir »unanständigen« Frauen. Wir lassen uns nicht länger spalten, wir sind ein und dieselben Frauen.

Was Prostitution ist, das weiß im Grunde ihres Herzens jede Frau, (fast) jede hat es schon aus »Gefälligkeit« getan. Vielleicht nicht gegen Geld, aber gegen Vorteile oder ihre Ruhe. Auch die abhängige Hausfrau, die nur dableibt, weil sie nicht gehen kann, prostituiert sich. − Daß aus dieser feministischen Erkennntnis einige Jahre später die postfeministisch pervertierte Aufforderung an alle Frauen zur easy Prostitution (»Ne schnelle Mark machen«) werden würde, das ahnten wir damals noch nicht.

Heute wissen wir, daß die Sexualität zwischen Männern und Frauen noch nie in der Geschichte (soweit wir sie verläßlich zurückverfolgen können) etwas mit Lust zu tun hatte. Im Patriarchat war Heterosexualität schon im alten Mesopotamien ein zentrales Instrument zur Demütigung von Frauen und Machtausübung von Männern. Alle Frauen hatten Männern zur Verfügung zu stehen: die ärmsten, die Sklavinnen, allen Männern; die etwas besseren, die Konkubinen oder Priesterinnen, einigen; die privilegierten, die Ehefrauen, einem. Entjungferung, Penetration oder Schwängerung waren lustlos und gewaltvoll. Das ist die jahrtausendealte, schwere Hypothek der Sexualität, an die wir − zumindest wir Frauen − heute andere Ansprüche haben.

Romantik, Aufklärung und Feminismus haben den Menschen Flausen in den Kopf gesetzt. Auch Frauen seien mehr als ein Stück Vieh, wispern die drei Grazien, auch sie hätten ein Recht auf ihr Gefühl und ihren Körper. Die Botschaft ist angekommen. Seit anderthalb Jahrhunderten wehren sich nicht nur Feministinnen gegen die männliche Kolonialisierung des weiblichen Körpers.

Nein, Prostitution ist kein »Beruf wie jeder andere«. Sie ist die Endstation auf dem langen Weg zur Fremdbestimmung, Selbstentfremdung und Ausbeutung des weiblichen Menschen. Was eigentlich wollen sie noch alles kaufen, konsumieren und zerstören, die Jungs? Glauben sie wirklich, daß es das Recht eines Menschen ist, für ein paar Mark Körper und Seele der anderen zu benutzen?

Hat sich in den letzten 25 Jahren also nichts verändert? Doch, die Prostituierten, zumindest ihr oberes Drittel, sind selbstbewußter geworden. Aber dieses neue Selbstbewußtsein wird nun gleich mit gekauft und mit vermarktet von Talkmastern, Drei-Tage-Bärten und Freiern. Prostitution ist in. Was den old boys noch peinlich war, finden die young boys schick.

Darum muß das Ziel jeder nach Selbstbestimmung strebenden Frau – egal ob Prostituierte oder Politikerin – der Einstieg in eine wirkliche Gleichheit sein, in der Menschen nicht länger mit Menschen machen können, was sie wollen. Auch nicht für Geld.

Frauenhaß & Fremdenhaß
Über die frühe Einübung des Hasses auf
die Nächsten

Wahrlich, wir leben in erstaunlichen Zeiten. Selten hatten wir Frauen so viel Grund, stolz zu sein. Stolz auf unser freies Denken und Handeln, auf unsere Einmischung ins Weltgeschehen. Stolz auch darauf, nicht länger Frauen von Männergnaden zu sein, sondern den aufrechten Gang zu gehen. Gleichzeitig aber stehen wir ohnmächtig vor dem eskalierenden Männlichkeitswahn an allen Fronten, ob in Mölln oder Bosnien. Diese Jungs in ihren Springerstiefeln hassen einfach alles, was »anders« ist. Anders als sie, anders als Er.

Türken oder Schwarze sind anders für den neudeutschen Herrenmenschen, Juden oder Behinderte, Homosexuelle oder Frauen. Doch es gibt einen entscheidenden Unterschied zwischen den Frauen und all den anderen »Untermenschen« – wir Frauen sind den Herrenmenschen nahe: wir teilen als Mütter, Schwestern oder Geliebte ihr Leben. Und trotzdem trifft uns derselbe, ja sogar ein noch größerer Haß.

Die deutsche Bilanz 1992: Rund ein Dutzend Fremdenhaß-Morde – und Empörung darüber. Plus einige Hundert Frauenhaß-Morde (meist Sexualmorde genannt) – und Schweigen darüber. Fremdenhaß ist heute in aller Munde, Frauenhaß wird als solcher noch nicht einmal wahrgenommen, ist bisher keine politische Kategorie. Dabei ist der Frauenhaß die Mutter allen Hasses. Auf diesem früh eingeübten und alltäglich gelebten Haß vor der fremden Nächsten wuchert der Haß vor allem Anderen. Warum sollte der Herrenmensch nicht auf Fremden herumtrampeln, wenn er gewohnt ist, seine Nächsten unterm Stiefel zu haben? Wer Frauen schlägt, der schlägt auch Fremde.

Frauenhaß und Fremdenhaß haben mehr als eine Wurzel: der eine baut auf dem anderen auf. Es ist der Wahn, etwas Besseres zu sein als der/die Andere. Es ist der Wahn, Herr zu sein über Leben und Tod. Es sind Faustrecht, Enthemmtheit und Rammelroutine. Vollgestopft bis an die Haarwurzeln mit sexistischen und rassistischen Parolen und zugedröhnt mit Gewalt/Porno-Videos ziehen sie los: jeder einzelne eine tickende Zeitbombe.

Daß der pathologische Frauenmörder von Beelitz auch Hitlers Geburtstag zu feiern pflegt, halten die Medien für erwähnenswert. Daß die Jungs in den Springerstiefeln sogar die Mädchen in ihren eigenen Reihen vergewaltigen — wird nur in Boulevardblättern berichtet. Und daß in Bosnien erstmals nicht etwa marodierende Fremde die Frauen in Vergewaltigungslagern internieren, sondern ehemalige Schulkameraden und Nachbarn sie zum Foltern aus den Häusern zerren — das wird nur wie zufällig erwähnt.

Es paßt in dieses Klima, wie eine Handvoll Dunkelmänner in Karlsruhe es wagt, die so zäh und so demokratisch beschlossene 218-Reform zu stürzen — und damit Frauen auch für die Zukunft eines der elementarsten Menschenrechte abzusprechen: eine selbstgewählte Mutterschaft. Und das ausgerechnet in Deutschland — dem Land, das vor gar nicht so langer Zeit für Abtreibung noch mit Todesstrafe drohte und für Geburten Mutterkreuze verlieh.

Wahrlich, wir leben in erstaunlichen Zeiten. Trotz Arbeitslosigkeit und dank Feminismus waren im Westen Deutschlands noch nie so viele Frauen berufstätig wie heute (im bis zur »Wende« voll berufstätigen Osten ist das leider umgekehrt). Sogar der Ruf nach Quoten wird laut, wenn auch von einer Männermehrheit verächtlich belächelt. Gleichzeitig aber steigt die Sexualgewalt, und ihre Propagierung, die Pornographie, dringt via TV in alle Wohnzimmer.

Jedes dritte Mädchen Opfer sexuellen Mißbrauchs, jede dritte Frau Opfer von Vergewaltigung – die subtileren Übergriffe, die Demütigung durch Blicke und Worte nicht gezählt. Ja, wer will sich denn da wundern über Haß und Gewalt gegen Fremde, wenn die Demütigung der Nächsten so selbstverständlich ist? Aber vielleicht leben wir ja auch gar nicht in erstaunlichen Zeiten. Vielleicht greifen die verunsicherten Männer gerade wegen des steigenden Selbstbewußtseins der »Anderen« zum bewährten Mittel der Gewalt, um ihre so liebgewordene Herrschaft nicht zu gefährden. Und vielleicht sind die grölenden Jungmänner in Springerstiefeln nur das sichtbare Ende einer langen Kette von Männermacht, an deren Anfang wie immer die Schreibtischtäter sitzen.

Der arme Mann von Beelitz
Zum leichtfertigen Umgang mit Sexualverbrechern

Die Verteidigungsstrategie klang westlich – und sie war es auch: Der Verteidiger war ein »Prominentenanwalt« aus Düsseldorf und sein Resultat lohnte das Honorar – für den Angeklagten. Nur 15 Jahre (mit vorheriger psychiatrischer Behandlung) für den Mann, der zwischen dem 25. Oktober 1989 und dem 5. April 1991 fünf Frauen erschlagen, erwürgt, erstochen und dann geschändet hat und ganz nebenher auch noch dem Baby eines seiner wimmernden Opfer den Schädel auf einem Baumstumpf zertrümmerte. Drei weitere Opfer überlebten knapp. Zum Vergleich: Monika Weimar, von der in einem fragwürdigen Indizienprozeß behauptet wurde, sie habe ihre beiden Töchter getötet, erhielt lebenslänglich.

Am 30. November 1992 fiel das Urteil: »Vermindert schuldfähig«. Wolfgang Schmidt, in der Boulevardpresse »der rosa Riese« oder »die Bestie von Beelitz« genannt, ist heute 26 Jahre alt und kann mit 36 wieder auf freiem Fuß sein (die Erlassung eines Drittels einer Strafe ist üblich). Der Fetischist hatte seit seiner frühesten Kindheit Lust an dem heimlichen Anziehen und Bekoten von Damenwäsche, so gewandet ging er auf den Mordtrip. Übrigens: das Geld, das er in Untersuchungshaft erhielt, verwandte er – für Damenwäsche und Pornos. Die bestellt er sich jetzt im Gefängnis bei einem Versandhaus, mit Genehmigung der Anstaltsleitung.

Als er nach über einem Jahr vor Gericht stand, hatte dieser Frauenmörder namens Schmidt bereits zahllose Gespräche mit Gutachtern und Anwälten hinter sich. Am ersten Verhandlungstag überraschte der Angeklagte plötzlich mit einer ganz neuen Behauptung: Er habe die

Frauen »aus Haß auf meine Mutter« umgebracht, denn die hatte den kleinen Wolfgang »nicht verstanden« und »abweisend behandelt«. Das ganze sei sozusagen eine »Abwehrhandlung« gewesen. Schmidt ging so weit, bei der Schilderung seines ersten Mordes vor Gericht das Opfer plötzlich als »Mutter« anzureden... Und der Vater? Der hatte, wußten Experten, »die Erziehung weitgehend der Mutter überlassen«.

Am zweiten Tag überraschte der Angeklagte mit dem Geständnis, die Frauen »aus Lust« ermordet zu haben, »im Sexualrausch«, wie die Presse schaudernd referierte. Am dritten Tag wollte er von all dem nichts mehr wissen und erinnert sich an nichts mehr – vor allem nicht an das zertrümmerte Baby, das so gar nicht in die »Sexualrausch-Strategie« paßte.

Allen voran verbrachten die sogenannten »seriösen« Medien viel Energie damit, sich in den Täter einzufühlen. Von den Opfern war wenig die Rede. Vor allem im »Spiegel« nicht, wo die Tradition des Gerichtsreporters Gerhard Mauz, die mitfühlende Frauenmörder-Berichterstattung, inzwischen von Kollegin Friedrichsen fortgeführt und weit übertroffen wird. Die widmete dem »Menschen«, der so »Schreckliches getan« hatte, fünf extrem parteiliche »Spiegel«-Seiten, den Opfern jedoch nur je fünf Zeilen. Sicher, die Toten können nicht mehr reden. Aber die zwei damals 12jährigen Mädchen, die überlebt haben, die redeten – auch vor Gericht. Doch selbst sie waren der Gerichtsreporterin nur wenige Zeilen wert.

Dabei wäre so einiges zu sagen gewesen zur Charakterisierung dieses Falles von pathologischem Frauenhaß. Zum Beispiel die Tatsache, daß Ex-Hauptwachtmeister Schmidt von der Volkspolizei unehrenhaft entlassen worden war, weil er am 20. April mit »Kameraden« Hitlers

Geburtstag gefeiert hatte. Oder auch, daß Schmidt ein Waffenfan war und aus der CDU ausgetreten ist wegen ihrer zu laschen Ausländerpolitik. Oder auch einfach nur, daß für Schmidt nicht nur die Frauen, sondern auch die Ausländer an allem schuld sind, daß »die Fidschis uns plattmachen«.

Aber diese Art von Verknüpfungen zwischen Frauen- und Fremdenhaß scheint für eine Journalistin, die die Ehre hat, sich für das wichtigste Herrenblatt der Nation in Frauenmörder eindenken zu dürfen, nicht der Rede wert. Die lauscht lieber den Worten eines Frauenmörders nach, der vor Gericht über die von ihm rituell vergewaltigten Leichen sensibel murmelt: »Für mich leben all diese Frauen noch…«

Zu guter Letzt zitiert die beflissene Gerichtsreporterin auch noch den verstorbenen Sexualwissenschaftler Schorsch, der 1977 über diese Art von Tätern treffend schrieb: »Verstehen heißt nicht Nachsicht, Verharmlosung und Entschuldigung, sondern rationales Erfassen und Begreifen, was vorlag.« Vor liegt, Frau Kollegin, ein Fall von pathologischem, mit an Sicherheit grenzender Wahrscheinlichkeit unheilbarem Frauenhaß, vor dem die weibliche Hälfte der Menschheit eigentlich für den Rest des Lebens des Menschen Schmidt geschützt werden müßte – am Tag nach der Freilassung könnte er auch Ihnen begegnen, Frau Friedrichsen.

PS: Serienmörder Schmidt kam in die psychiatrische Abteilung der Brandenburger Landesklinik, in der 920 Menschen untergebracht sind, darunter auch Frauen und Kinder. Bereits wenige Monate nach der Verurteilung erhielt der zwanghafte Mörder Freigang in dem offenen Klinikgelände und durfte bald darauf auch die Klinik für »Einkäufe« verlassen – unbegleitet, wie die Lokalpresse bewies. Wolfgang Schmidt trägt bei seinen Spaziergängen Frauenkleider und kauft bei einem Freigang u. a. Pornos.

Menschenrechte & Frauen
Über die Grenzen der deutschen
(Herren)Verfassung

Das neue Deutschland gibt sich eine neue Verfassung. Dabei ist die alte Verfassung gar nicht so schlecht und darum die Sorge einiger, daß die neue nicht unbedingt besser werden wird, gar nicht so unberechtigt. Denn was uns Frauen angeht, so steht immerhin der stolze Satz in Artikel 2, Absatz 2: »Frauen und Männer sind gleichberechtigt.«

Dieser Satz entspricht (noch?) nicht der Realität, aber er ist uns auch als wohlmeinende Absichtserklärung nicht geschenkt worden. Die vier »Mütter des Grundgesetzes« (4 von 70) haben ihn hart erstritten – gegen das abschätzige Gehabe der Männer und mit der Unterstützung einer überwältigend breiten Frauenbasis. Es gab damals, anno 1949, Waschkörbe von Protestbriefen in Bonn!

Wird es auch 1992 solche Waschkörbe auf den Tischen der Herren Politiker geben? Wohl nicht. Denn die Rechte der Frauen in der Verfassung scheinen, nach einem ersten Anlauf, heute nur noch die Expertinnen zu interessieren. Die trafen sich im Sommer auf Einladung der SPD-Frauen auf der Fraueninsel im Chiemsee – gleich gegenüber der Herreninsel, auf der die »Väter des Grundgesetzes« 44 Jahre zuvor die heute geltende Verfassung verabschiedet hatten.

Spätestens auf der Fraueninsel wurde deutlich, daß sich die Frauen keineswegs einig sind. Und außerdem gibt es eine Konfusion: die beiden Ebenen werden nicht klar genug auseinandergehalten. Ebene eins ist die grundsätzliche, wonach die neue Verfassung eine gute Gelegenheit ist, das alte (Herren)Recht zu kritisieren und Frauen die Funktion des Grundgesetzes bewußt zu machen. Ebene zwei ist der Weg, der zur Zeit real gangbar scheint. Denn die neue Verfassung muß mit zwei Dritteln Mehrheit verabschiedet werden, also inklusive FDP und einer stattlichen Anzahl ChristdemokratInnen – was wirklich fortschrittliches Denken in Sachen Frauenrechte schon im Keim erstickt (Stichwort § 218).

Eine reale Chance haben darum bestenfalls die Ergänzung des Gleichberechtigungsgrundsatzes sowie eine leichte Reformierung des traditionellen Ehe- und Familienbegriffs. Aber das soll uns ja nicht hindern, auch über alles andere nachzudenken...

Wir Frauen mußten in der Vergangenheit lernen, daß die abstrakte Gleichheitsbehauptung des Grundgesetzes zu kurz greift, denn Frauen sind nicht gleich, sie sind benachteiligt. Darum ist eine der Forderungen, in der sich alle Frauen, von links bis rechts, einig sind, die Ergänzung des hehren Gleichheitsgebotes durch zum Beispiel folgende Worte:

»Der Staat hat Rahmenbedingungen zu schaffen, die geeignet sind, die tatsächliche Gleichstellung von Frauen und Männern in allen Bereichen der Gesellschaft herbeizuführen. Dabei sind Maßnahmen zur Förderung von Frauen zum Ausgleich bestehender Ungleichheiten zulässig.«

Damit wäre die sogenannte »positive Diskriminierung« von Frauen, das heißt ihre »Bevorzugung« eindeutig rechtens – solange sie benachteiligt sind. Und dann ist da noch der Absatz 3 des Artikels 3, der heute lautet:

»Niemand darf wegen seines Geschlechts, seiner Abstammung, seiner Rasse, seiner Sprache, seiner Heimat und Herkunft, seines Glaubens, seiner religiösen oder politischen Anschauung benachteiligt oder bevorzugt werden.« – Hier sollte das Kriterium »sexuelle Orientierung« mit eingeführt werden.

Als sich im September 1990 »Frauen für eine neue Verfassung« symbolträchtig in der Paulskirche trafen, veröffentlichten sie im Anhang der Dokumentation ihrer Tagung das alte Verfassungsrecht und daneben ihr neues (Wunsch)Recht. Schon da stand in einem neuformulierten Artikel 3 folgende Passage in Klammern, das heißt, sie wurde nicht einstimmig verabschiedet: »Gleichberechtigung heißt auch Gleichheit und Anerkennung von Verschiedenheit.«

Was ist damit gemeint? Die sogenannten »Differentialistinnen«, das heißt die Anhängerinnen der Betonung eines – angeborenen oder irreversibel kulturellen – Unterschieds der Geschlechter wollen den »kleinen Unterschied« nun auch noch im Grundgesetz festgeschrieben haben. Die Anti-Biologistinnen aber (zu denen ich mich zähle) sehen in der Festschreibung dieses in der Tat bestehenden realen »Unterschieds« zwischen den Geschlechtern nicht nur eine Gefahr, sondern einen regelrechten Verstoß gegen die (utopische) Forderung: Alle Menschen sind gleich! Es gibt den Unterschied zwischen Frauen und Männern, sagen auch wir Anti-Biologistinnen, aber er ist Resultat der Prägungen und Verhältnisse. Ein fortschrittliches Recht jedoch sollte weder die Frauen auf die Frauenrolle noch die Männer auf die Männerrolle festlegen, sondern muß die rechtlichen Voraussetzungen zum Menschsein der Geschlechter schaffen. Und der Mensch ist frei geboren!

Einig sind sich wieder (fast) alle Expertinnen, die Forderung, den Artikel 16, Absatz 2: »Politisch Verfolgte genießen Asylrecht« nicht nur zu erhalten, sondern in Zeiten des weltweit drohenden Fundamentalismus zu ergänzen um den »Asylgrund Geschlecht«.

Da die Entrechtung und Verfolgung wegen Geschlecht keineswegs selbstverständlich als »politisch« begriffen wird, müßte wohl nicht nur das ausführende Asylrecht um den »Asylgrund Geschlecht« ergänzt werden, sondern auch das Grundrecht entsprechend eindeutig formuliert. Aber auch hier wäre es zynisch, falsche Hoffnungen zu wecken: Das Asylrecht wird höchstwahrscheinlich von einer Mehrheit in Bundestag und Bundesrat nicht erweitert, sondern eingeengt werden.

Abgeschafft werden müßte auch der verfassungswidrige Ausschluß von Frauen aus der Bundeswehr (im Namen der »Natur der Frau«). Denn der Zugang zu allen gesellschaftlichen Bereichen ist ein Grundrecht von Männern und Frauen. Und die lebenswichtige Frage von Krieg und Frieden darf nicht länger »Männersache« sein, sondern muß in der Hand beider Geschlechter liegen.

PS: Die Verfassungsänderung ging aus wie das Hornberger Schießen. Das Asylrecht wurde eingeschränkt statt erweitert. Und für die Frauen passierte nur eine Änderung: Im gesamtdeutschen Grundgesetz heißt es statt »Männer und Frauen sind gleichberechtigt« ab jetzt: »Frauen und Männer sind...«

Die Erlangen / Karlsruhe-Connection
Die Herren über den neuen Tod sind
»Lebensschützer«

Nach 31 Tagen war der Spuk zu Ende: Der vier Monate
alte Fötus in dem mit Blasebälgen am Sterben gehinder-
ten Körper von Marion Ploch verließ die unwirtliche
Stätte. Die Herren über den Tod: noch sind sie nicht ganz
auch Herren über das Leben.

Die Chancen waren gering, die Kosten enorm: mindestens eine halbe Million DM hätte der Erlanger Menschenversuch (denn schon der Tagespreis für ein Bett auf
der Intensivstation beträgt 2500 DM) gekostet – wäre es
gelungen.

In einer Welt, in der täglich Tausende von Kindern Hun-
gers sterben, Zehntausende von kleinen Mädchen von
den Freiern der Herrenrasse mißbraucht und mit zerfetz-
ten Seelen und Körpern zurückgelassen werden und Millionen von Kindern materiellen und seelischen Mangel
leiden – in dieser Welt erlaubten sich die Herren von Erlangen dieses kostspielige Experiment mit riesigem Auf-
wand und ungewissem Ausgang. Warum?

Natürlich ging es hier nicht um den einen Fötus im Körper der sterbenden Frau. Es ging schon gar nicht um das
fragwürdige Glück der beklemmend hilflos und uninfor-
miert wirkenden »zukünftigen Großeltern«, die von den
Experten unter Vorspiegelung falscher Tatsachen dazu
überredet wurden, den Menschenversuch mit dem Körper ihrer Tochter zuzulassen. Es geht um etwas ganz anderes.

- Es geht um den Allmachtswahn von Männern, die –
  enthemmt und menschenverachtend – keine Grenzen mehr kennen.
- Es geht um die Macht der Männer über die Körper

35

der Frauen sowie die Ablösung der weiblichen Gebärfähigkeit durch das Kind aus der männlichen Retorte.

- Und es geht um die aktuelle Reform des § 218!

Am 8./9. Dezember 1992 beraten in Karlsruhe acht Verfassungsrichter (darunter eine Richterin) über die vom Parlament demokratisch verabschiedete 218-Reform, eine durch die Beratungspflicht eingeschränkte Fristenlösung. Im Januar soll das Millionen Frauenleben beeinflussende Urteil der acht verkündet werden.

Und was an der Schwelle zum 21. Jahrhundert mitten in Europa vor wenigen Wochen noch kaum denkbar schien, könnte jetzt eintreten: Selbst die kompromißlerische Reform steht auf der Kippe! Eine einzige Stimme könnte die nötige Mehrheit zu Fall bringen. Und das ist nicht irgendeine Stimme: es ist die des Verfassungsrichters Böckenförde. SPD-Mitglied – und engagierter »Lebensschützer«.

Bis vor kurzem war Böckenförde noch Mitglied der »Juristen-Vereinigung Lebensrecht« (JVL), aus der er aus taktischen Gründen ausgetreten ist. Dieser Verein, in dem 800 Juristen organisiert sind, zählt zu den militanten Lebensschützern, für die Abtreibung gleich Mord ist.

Und wer ist noch Mitglied in dem exklusiven Herrenzirkel der JVL? Professor Hans Bernhard Wuermeling – der entscheidende Mann von Erlangen! Es war der Rat dieses von den Ärzten hinzugezogenen Rechtsmediziners (und Vaters von sieben Kindern), der den Ausschlag gab für den Erlanger Menschenversuch.

Rein rechtlich wäre alles möglich gewesen am 5. Oktober: die Blasebälge, die den Körper der Marion Ploch beatmeten, hätten auch abgestellt werden können. Rein medizinisch schien das risiko- und kostenreiche Experiment ganz und gar unangemessen – ginge es nur um den einen Fötus. Rein menschlich hätte der Respekt vor der sterbenden Frau und ihrer Menschenwürde jeden Gedanken an die Benutzung ihres Körpers als fleischliche Brutmaschine verboten! Dennoch entschied sich der Pathologe Wuermeling dafür. Und er weiß, warum.

Denn mit seinem Rat lieferte Wuermeling nicht nur den Ärzten grünes Licht für ihr perverses Experiment – er lieferte den Abtreibungsgegnern auch Argumente für die letzte Schlacht um den § 218. Von dem zu Beginn daumengroßen Fötus redete Wuermeling wider besseres Wissen und penetrant nur als »Kind« (und haben längst alle diese manipulierende Sprachregelung übernommen). Das eigenständige »Lebensrecht« des Fötus beginnt für den »Lebensschützer« mit dem Moment der Befruchtung. Der Körper der Mutter ist für ihn nichts als ein Gefäß, das zur Verfügung zu stehen hat. Schließlich hätten »wir alle, um in dieses Leben zu kommen, recht rücksichtslos die Leiber unserer Mütter gebraucht, und die Mütter haben das ja zumindest akzeptiert« (Wuermeling).

Der Erlanger Fötus (für »Bild« »das Baby«, für den »Stern« »das ungeborene Kind«) ist maßgeschneidert für die Gegner der 218- Reform. Denn am Körper der endlos gestorbenen Marion Ploch wurde uns die Allmacht der Ärzte und die Ohnmacht der Frauen demonstriert. Und genau das ist der Grund, warum selbst das medizinische Scheitern des Experiments in Kauf genommen wurde: politisch zahlt sich Erlangen auf jeden Fall aus! Deshalb wurde das Experiment, wie ähnliche zuvor auch schon in Deutschland, diesmal nicht geheimgehalten, sondern in alle Welt posaunt.

Der Körper der Marion Ploch wurde nicht nur aus Experimentierlust geschändet, sondern auch um das Klima in Deutschland zugunsten einer Ablehnung der 218-Reform zu beeinflussen. Sollte die 218-Reform tatsächlich von der

Mehrheit der sieben Männer und der einen Frau noch einmal gekippt werden, würde sich damit das makabre Schauspiel von 1975 wiederholen: Auch damals verabschiedete das Parlament höchst demokratisch die Fristenlösung (zu der Zeit noch ohne Pflichtberatung!), auch damals kippten sechs Verfassungsrichter die Reform, unter dem Vorsitz von Prof. Ernst Benda.

Übrigens: Auch eben dieser Benda bekennt sich inzwischen öffentlich zu den »Lebensschützern«. Am 23. Juni 1992 unterzeichnete er einen in der FAZ veröffentlichten Aufruf der »Juristen-Vereinigung Lebensrecht«, in dem 60 deutsche Verfassungsrechtler gegen jegliche Art von Fristenregelung appellieren. Sie alle sind gegen das Recht von Frauen, selbst zu bestimmen, ob sie Mutter werden wollen oder nicht, und für unsere Bevormundung, Einschüchterung und Bestrafung.

Im Gegensatz zu den Millionen betroffenen Frauen scheinen sich die Herren Lebensschützer die Bälle gezielt zuzuspielen. Von Wuermling bis Böckenförde reicht die Erlangen-Karlsruhe-Connection. Ziel dieser Männer-Mafia: die weitere Entrechtung der Frauen und die Zementierung des Herrenrechts.

Aber der Fall Marion Ploch ist noch zu viel mehr gut. Die Universitätsklinik Erlangen ist schließlich die deutsche Hochburg der pränatalen Manipulationen und der Kinderproduktion in Männerhand. Das erste deutsche Retortenbaby kam in Erlangen zur Welt, und seither haben die Herren über Leben und Tod auch dort nicht geschlafen.

Gut, daß der zynische Menschenversuch mit dem Körper von Marion Ploch gescheitert ist. Denn Gebärmütter aus Frauenfleisch sind billiger und praktischer als Gebärmütter aus Stahl und Glas. Aber die Herren über den Tod werden weiterhin versuchen, auch Herren über das

Leben zu werden. Diese Art Patriarchen scheinen davon zu träumen, uns Frauen endgültig abzuschalten.

Ist ihre Traumfrau der Zukunft eine Leiche?

§ 218: Ein halber Sieg
Zur Geschichte der halbherzigen Reform und
ihrer Hintermänner

Haben wir dafür 22 Jahre gekämpft? Für diesen
scheinheiligen Kompromiß, der es dem Papst genauso
recht machen will wie der mündigen Bürgerin? Gewiß
nicht! Aber – unter den herrschenden Umständen hätte es
in der Tat noch schlimmer kommen können. Und darum
mischt sich in meinen Zorn eine gewisse Erleichterung.

Das Bundesverfassungsgericht hat so lange gezögert
mit dem Urteil, vermutlich weil eine Mehrheit eigentlich
die ganze Reform kippen wollte. Was jetzt herausgekom-
men ist, ist für uns Frauen ein halber Sieg und eine halbe
Niederlage zugleich. Der halbe Sieg ist ausschließlich
dem Druck von Frauen in den letzten Jahrzehnten und
Monaten zu verdanken; und nicht zuletzt auch der feministischen Kritik an der Parteilichkeit so manchen Verfassungsrichters (wie der des SPD-Richters Böckenförde, der
ein aktiver sogenannter »Lebensschützer« ist).

Das Entscheidende am jetzigen Verfassungsurteil ist:
Abtreibung ist kein Recht, sondern eine Gnade. Frauen
dürfen abtreiben, aber sie sollen ein schlechtes Gewissen
haben und schön Bittebitte machen. Und: Zur Strafe müssen sie auch noch selbst zahlen – was vor allem die
Frauen ohne eigenes Geld treffen wird, vor allem junge
Frauen und Hausfrauen. Der Karlsruher Spruch ist also
eine Verbesserung der westlichen Indikationslösung von
1975 und eine Verschlechterung der östlichen Fristenlösung von 1972.

Die Verschlechterung für den Osten: Ungewollt
Schwangere müssen sich für einen Schwangerschaftsab-
bruch in den ersten zwölf Wochen in Zukunft eine formale
Erlaubnis holen. – Diese Zwangsberatung kann aller-

dings auch anonym stattfinden, was nicht unwichtig ist. Und sie müssen den Abbruch selbst bezahlen – was die noch arbeitsloseren und noch unterbezahlteren Frauen im Osten noch härter treffen wird.

Die Verbesserung für den Westen: Bei der sogenannten Indikationsregelung lag es nicht in der Hand der Schwangeren, sondern in der Hand der Beratenden, ob die Abtreibung gemacht werden durfte oder nicht. Je nach Bundesland und Beratungsstelle wurde der ungewollt Schwangeren bisher die Gnade gewährt oder auch verwehrt. Jetzt kann die Frau, nach erfolgter Beratung, selbst bestimmen, ob sie Mutter werden will oder nicht.

Sehr aufschlußreich ist, daß bei diesem Urteil genau das, worauf es den Freunden und Freundinnen des § 218 in all den Jahren ankam, erhalten bleibt: nämlich die Entmündigung und Bevormundung von Frauen. Denn genau darum geht es ja seit 122 Jahren, in denen Frauen in Deutschland unter allen Umständen (sogar bei drohender Todesstrafe im Nazireich) abgetrieben haben.

Der Streit um den § 218 ging in Wahrheit noch nie darum, OB abgetrieben wird, sondern immer nur darum, WIE abgetrieben wird. Tun wir es selbstbestimmt, in Würde und mit maximalem medizinischen Beistand? Oder tun wir es bevormundet und mit widerwilligen oder gar sich verweigernden Ärzten?

Das Weib soll in Schmerzen gebären, und es soll in Demut und mit schlechtem Gewissen abtreiben – das ist die Moral von der Geschicht. Sie wollen uns Frauen auch noch an der Schwelle des 21. Jahrhunderts eine selbstbestimmte Mutterschaft verbieten.

De jure werden wir nun erst einmal mit diesem Urteil leben müssen – so ist das in einer Demokratie, in der die Männer (und ihre Gehilfinnen) das Sagen haben. Doch den symbolischen Gehalt dieses hohen Richterspruches –

Gnade statt Recht – dürfen wir nicht hinnehmen. Denn die Symbolik ist sehr ernst zu nehmen, sie spielt eine zunehmende Rolle in der Politik und wiegt manchmal sogar schwerer als die Realität. Auch in diesem Fall könnte sie uns das Leben schwer machen. Genau da müssen wir deshalb gegenhalten: wir dürfen nicht länger bitten und erklären, wir müssen selbstbewußt fordern!

Schließlich ist Deutschland kein Gottesstaat, sondern eine Demokratie. Und Abtreibung ist keine Gnade, sondern unser Recht. Seit dem 15. Juni 1993 gilt nun das »Übergangsrecht« bis zum Inkrafttreten des neuen Gesetzes, das Bonn nach der erfolgreichen Verfassungsklage von CDU/CSU noch einmal zimmern muß. Was bedeutet: Wieder endlose Diskussionen um den § 218, wieder Mobilisierung der Frauen, wieder ein fauler Kompromiß. Der § 218 ist das einzige Thema, bei dem Männer sich in der öffentlichen Debatte raushalten, aber in der klammheimlichen Entscheidung bestimmen.

Wann eigentlich dürfen wir Frauen endlich weiterdenken, über die Mutterschaft, gewollt oder nicht gewollt, hinaus? Ist das eines der wahren Motive dieser nicht endenden Abtreibungsdebatte: daß wir ewiglich auf der Stelle treten, statt endlich nach neuen Horizonten zu blikken?

Und dann sollen wir zur Strafe auch noch zahlen! Das Land Brandenburg ergriff als erstes die Initiative und zahlt ab sofort immerhin Frauen, die unter 2.000 DM verdienen, die Abtreibung aus der Staatskasse. Worauf warten die anderen SPD-Länder, zumindest damit nachzuziehen? Und uns sodann, mit vereinten Kräften, die Eigenfinanzierung überhaupt wieder vom Tisch zu schaffen!

Das neue Bollwerk der Frauenfeinde aber werden in den kommenden Jahren die Ärzte sein. Sie werden sich, mit Hinweis auf die formale »Rechtswidrigkeit« und unter dem Druck ihrer oft konservativen Arbeitgeber (katholische Kirche und Kompagnon) aus der Affäre ziehen und den Eingriff zunehmend verweigern.

PS: Genauso ist es geschehen. Die katholische Kirche und die Konservativen machen heute Druck via Ärzteschaft – siehe »Deutschland, ein Gottesstaat?«

Sind Frauen Menschen?
Warum das Magazin für Frauen eines für
Menschen ist

Als Emma im Juni 1979, nach zweieinhalb Jahren Existenz, zum ersten Mal untertitelte: »Zeitschrift von Frauen für Frauen« (woraus dann im Januar 1985 »Das Magazin von Frauen für Frauen« wurde), da regte sich nichts. Kein Pro und kein Contra, die Schlagzeile war schlicht kein Thema. Denn für Freund wie Feind war klar, was Emma ist: Eben nicht noch ein Produkt aus den Männerkonzernen, das auf den Marktanteil Frau spekuliert, sondern eine Zeitschrift in der Hand von Frauen, die konsequent Frauen-Interessen vertreten.

Wenn ich es so recht bedenke, war die Zeile also damals eigentlich überflüssig, denn schon nach wenigen Monaten war Emma zum Synonym geworden. Der altmodische Frauenname Emma stand nicht länger für alte Tanten, sondern für neue Frauen. Emma gleich unbequeme Frauenrechtlerin, Emma gleich Emanze. Besonders aufmüpfigen Schülerinnen wird seither auf dem Schulhof gerne »Du Emma!« hinterhergerufen, in so manchem Scheidungsprozeß wird verständnisheischend Sie-war-eine-richtige-Emma ins Feld geführt, und in den Kommentaren und Glossen der Männermedien steht Emma ganz einfach für die Sache.

Seit der Januar-Ausgabe 1993 heißt Emma: »Das Magazin von Frauen für Menschen«. Diesmal gibt es Reaktionen, und wie! Die Geister scheiden sich: etwa zwei Drittel finden die neue Formulierung souverän, aber ein Drittel fühlt sich verraten. Anlaß genug, ein wenig über die Geschichte dieses Slogans und Emmas Motive der Veränderung nachzudenken.

Als in den 70er Jahren das Schlagwort »Von Frauen für

Frauen« aufkam, war es ein wahrer Schlachtruf! In Verhältnissen, in denen die vornehmste und vörderste Aufgabe der Frau der Mann ist, war es schlicht unerhört, sich als Frau für Frauen zu interessieren und sich explizit und ausschließlich an sie zu richten. Das ist heute anders. Denn eines hat die Neue Frauenbewegung ganz sicher erreicht: Es gibt inzwischen ein öffentliches Bewußtsein für die Notwendigkeit des Zusammenschlusses von Frauen. Ein Vierteljahrhundert Neue Frauenbewegung nach 5000 Jahren Patriarchat, ein langer Weg... In den alternativen Strukturen blühen Frauenzentren und Frauenprojekte, der lange Gang durch die Institutionen brachte Frauenförderpläne und Frauenämter, Karrierefrauen sind in. Nicht viel, aber mehr als nichts.

Inzwischen wurde der Von-Frauen-für-Frauen-Slogan vereinnahmt und vermarktet. Kosmetik von Frauen für Frauen, Horoskope von Frauen für Frauen, Geldanlagen von Frauen für Frauen... Nicht länger Kampfansage, sondern Etikett, das auf vielen Schachteln klebt, auf zu vielen.

Wie so mancher feministische Begriff – ja sogar der Begriff »Feminismus« selbst! – ist in der Übermacht der Männermedien auch dieses Programm zur Masche verkommen. Der Slogan wurde unterwandert, verwässert, ja manchmal sogar in sein schieres Gegenteil verdreht. »Von Frauen für Frauen« steht heute oft eben nicht mehr für Parteilichkeit und Offensive, sondern für Harmlosigkeit und Rückzug in die Frauenecke. Und genau das haben wir Feministinnen nie gewollt! Feminismus bedeutet ja nicht, sich im Frausein zu genügen, sondern die von Männern okkupierte Hälfte der Welt zurückzuerobern (und sie zur Hälfte des Hauses zu verdonnern!). Feminismus ist gegen die Reduzierung von Menschen in »männlich« und »weiblich« und für die Menschwerdung der Geschlechter.

Frauen sind nicht nur Frauen, sie sind auch Menschen. Ein Satz, der selbstverständlich klingt, aber revolutionär ist. Doch nicht alle Frauen wollen die Gleichheit aller Menschen. Und nicht alle Frauen wollen die Gleichheit aller Frauen, nicht alle sind Feministinnen. Es gibt eine Minderheit, die sich eine goldene Nase am Antifeminismus verdient (die Paglias, Orlowskis und Rutschkys zum Beispiel). Gleichzeitig existiert eine Männer-Minderheit, die bereit ist mitzuziehen (selbst wenn sie sich dabei schwer tun und ihre Motive nicht immer lauter sind).

Auch das will darum der neue Emma-Titel signalisieren: Emma richtet sich nicht automatisch an jede Frau, egal was die sagt und tut. Und Emma schließt nicht automatisch jeden Mann aus. Ich sage dies bewußt in einer Zeit des verschärften Rollbacks, der steigenden Pornographie und der Entmündigung durch den § 218. Es wird in Zukunft eher noch nötiger sein, daß Frauen sich mit Frauen zusammentun! Doch die Euphorie der ersten Jahre müssen wir uns dennoch abschminken, nicht jede Frau ist immer eine Schwester. Und die Schroffheit des Aufbruchs können wir durchlässiger machen. Nicht jeder Mann ist in jeder Situation ein Gegner, und wir können manchmal seine Solidarität gut gebrauchen. Mir scheint, daß wir inzwischen stark, gelassen und souverän genug sind, genauer hinzusehen – wir sehen dann übrigens eher mehr als weniger.

Tochter und Mutter
Maria und Marlene Dietrich: die Abrechnung
einer Tochter

Das Schlüsselerlebnis steht auf Seite 111. Im April 1931
fährt die sechsjährige Maria mit ihrer damals schon berühmten Mutter auf der Bremen von Deutschland nach
Amerika. Auf der Schiffsfahrt kommt Kater (so der Fami-
lienspitzname) atemlos von einem Kindertreff und erzählt
Mutter am Schminktisch das gerade Erlebte. Da richtet
Marlene sich auf und sagt wortwörtlich (so zumindest
erinnert sich das Ex-Kind angeblich nach Jahrzehnten):
»Liebling! Rede nicht einfach, um zu reden. Wenn du
sprichst, dann sage etwas Interessantes und Intelligentes.
Was Kinder tun, ist im allgemeinen nicht interessant. Sei
einfach still und höre zu, was intelligente Menschen um
dich herum sagen.« Fortan hielt der Liebling den Mund
und hörte zu – zumindest, solange Muttern lebte.

Jetzt, 65 Jahre später, redet der Kater, ja hört gar nicht
mehr auf zu reden. Auf 890 Seiten enthüllt Tochter Maria
nach dem Tod der Mutter, wer »die Dietrich« wirklich
war, zumindest in ihren Augen. Könnte die intellektuell
und literarisch so strenge und persönlich so prüde Marlene Dietrich die Ergüsse ihres Kater lesen – sie würde
sich in ihrem Berliner Grabe umdrehen.

Denn Tochter Maria plappert nicht nur ohne Ende, sie
veröffentlicht auch hemmungslos Tagebücher, Briefe und
sogar – im hohen Alter der Mutter offensichtlich heimlich
mitgeschnittene, weil wortwörtlich wiedergegebene –
Tonbänder. Ihr kleinlicher Blick auf die große Mutter ist
von einer solchen durchgehenden Beschränktheit und
Gehässigkeit, daß es wohl selbst die Dietrich aus ihren
maßgeschneiderten Schuhen hauen würde.

Fakt ist: Es war sicherlich nicht immer leicht, das Kind

von Marlene Dietrich zu sein und schon gar nicht ihre Tochter (die lebenslang mit dem Mythos verglichen wird). Aber welches Kind hat es schon leicht? Und wie hat eine Mutter eigentlich zu sein, damit ihr Kind nicht im nachhinein das Recht hat, sie hinzurichten?

Dieses Buch ist mehr als ein Buch über die Dietrich. Es ist ein Dokument der schier unlösbaren Mutter-Tochter-Problematik in einer Männergesellschaft. Zu fest sind die Vorstellungen von dem, wie eine Mutter zu sein hat – Vorstellungen, die auch in den Köpfen der mal kindlich abhängigen, mal fraulich rivalisierenden Töchter herumgeistern.

Die Dietrich war nicht nur ein 1000%iger Star, eine 1000%ige Arbeiterin, ein 1000%iger Kamerad und eine 1000%ige Preußin – sie war auch eine 1000%ige Hausfrau und Mutter. Nach den Dreharbeiten pflegte sie sich in ihre Hollywood-Küche zu stellen und Gemüse zu putzen und Zwiebeln zu hacken für den Gulasch oder das Pot-au-feu, das ihre Lieben so gern aßen. Nach dem Umzug wurden extra für den Kater Häuser mit Swimmingpool gemietet und bei Mutters Dreharbeiten kleine Spezialaufgaben für ihn ersonnen. Und Marlenes Liebhaber und Liebhaberinnen mußten sich im Morgengrauen wegschleichen, damit »das Kind nichts merkt«.

Überhaupt hat die Dietrich ihren Kater nur einmal im Leben für drei Monate beim Vater gelassen und sodann von Stund an Tag und Nacht in ihr Leben mit einbezogen, zu sehr einbezogen. Ein Leben lang hat sie gezahlt für ihre Tochter Maria, mit 60 hat sie sogar von ihrer Lebensversicherung (die Sternberg für die chronisch großzügige und darum später mittellose Dietrich abgeschlossen hatte) ein Haus für Tochter Maria, deren Mann und vier Söhne gekauft. – Doch auch das tat sie, laut Kater, nur, »um sich auf Parties damit zu brüsten«.

Wahrlich, Mutter Dietrich hatte keine Chance bei ihrer Tochter. Dieselbe Tochter findet für Vater Sieber, der sich nie um sie gekümmert, seine Lebensgefährtin Tami schlimmer als eine Sklavin behandelt und letztendlich in die Psychiatrie abgeschoben hat, für diesen offensichtlich sadistischen, menschenfeindlichen Vater findet die Tochter nicht ein einziges kritisches Wort im ganzen Buch. Für die Mutter aber, die gewiß egozentrisch und strapaziös war, aber eben auch generös und mitreißend, für sie hat sie nur Häme. Hätte die Dietrich genau dasselbe, was sie als Mutter getan hat, für ihre Tochter als Vater getan – sie wäre ein Traumvater gewesen. Aber sie war eben nur eine Mutter.

Es ist selbst diesem Buch – dessen einzig wirklich interessante Stellen die Originaldokumente der Dietrich, ihre Tagebücher und Briefe sind – zwischen den Zeilen zu entnehmen, was für eine ungewöhnlich intelligente und charakterstarke Frau Marlene Dietrich war (ihre Schönheit ist ja hinlänglich bekannt). Und wie rührend sie mit Menschen sein konnte. Als ihr Regisseur und (Ex)Geliebter Sternberg zum Beispiel von Goebbels öffentlich verhöhnt und sie gleichzeitig hofiert wird, entschließt sie sich unter Tränen aus Loyalität zur Aufgabe ihrer deutschen Staatsangehörigkeit. Als die Emigranten kommen, finden sie bei ihr immer Hilfe und Essen, selbstgekocht, versteht sich. Als sie in das zerbombte Deutschland an der Seite der Befreier zurückkehrt, tingelt sie monatelang in irgendwelchen Verschlägen – für die Deutschen, versteht sich.

Marlene Dietrich – die Frau, die »Sex hat aber kein Geschlecht« – lebte rigoros anti-bürgerlich. Nichts war aus ihrem Mund so tödlich wie der Ausruf: »Wie bürgerlich!« Die bisexuell Lebende hat sich alle Freiheiten und alle Frauen oder Männer genommen, auf die sie Lust hatte –

wobei das mit der reinen Lust in Wahrheit ja nicht soweit her war bei der preußisch Erzogenen und früh Mißbrauchten. Sie hat ein Leben lang jenseits aller Konventionen und jenseits allen Mitläufertums immer wieder Haltung gezeigt. In ihren Taten war sie meist konsequent, nur in ihren Worten leider oft bigott.

Tochter Maria reagierte auf dieses Leben ihrer Mutter anscheinend zunächst mit Faszination und dann mit Abscheu. Sie gab ihre beginnende Karriere demonstrativ für ein Leben als Hausfrau und Mutter von vier Kindern auf. Das ist ihr Recht. Aber es ist nicht ihr Recht, sich deswegen über die Mutter zu erheben und sie als Flittchen abzuqualifizieren – was sie in zig Seitenhieben bis hinein in die Fotokommentare mit einer schwer erträglichen Selbstgerechtigkeit tut.

Einfach nichts findet Gnade vor diesem spießigen Töchterchen. Nicht die rührenden Teenager-Tagebücher der 16jährigen Marlene, in denen sie ihre glühenden Schwärmereien für »interessante« Männer und »süße« Frauen gesteht – ohne der täglich an der Front Gefallenen zu gedenken, wie Tochter Maria strafend anmerkt. Nicht die mutigen Frontauftritte der 40jährigen an der Seite der Alliierten – alles nur Show, wie Tochter Maria lauernd vermutet. Nicht die permanenten Abenteuer der ewigen femme fatale – einfach nur peinlich, wie Tochter Maria schaudernd kommentiert. Sie, die ihre Mutter offensichtlich einst so liebte, ist übrigens heute von wahrer Homophobie geschüttelt.

Ja doch, Maria Sieber, verheiratete Riva, sei der Konflikt mit der für sie übermächtigen Mutter zugestanden. Nur – warum hat sie ihn nicht zu Lebzeiten ausgetragen, zu Lebzeiten der Mutter? Warum hat sie sich ein Leben lang von ihrer Mutter aushalten lassen (und verzeiht es der von der Dietrich geliebten Edith Piaf, dieser

50

»Schlampe aus der Gosse«, bis heute nicht, das ausgesprochen zu haben)? Und warum macht sie jetzt mit Indiskretionen (»Meine Mutter Marlene«) auf dem Rücken der Toten noch einmal Millionen?

Die Dietrich hat gewußt, daß ihre Tochter Maria nach ihrem Tod über sie schreiben würde (das Buch lag schon sehr lange in der Schublade, Marlene ist alt geworden). Ja, sie scheint ihr sogar Dokumente und Fotos mit der Anmerkung »Für Marias Buch« überlassen zu haben. Aber Marlene Dietrich hat nicht gewußt, daß die Liebe ihrer Tochter längst in Haß umgeschlagen war – sie scheint es noch nicht einmal geahnt zu haben. Denn sonst hätte sie zweifellos alles versucht, um diese distanz- und erbarmungslose Demontage zu verhindern.

Am Ende der 890 Seiten bleibt nur eine einzige kritische Frage an Marlene, nämlich die: Warum hat sie es noch nicht einmal geahnt? Warum hat sie ihren Kater so wenig gekannt? Hat sie die Tochter überhaupt je als eigenständigen Menschen wahrgenommen?

Die Projektionen der beiden – oh Mutter! oh Tochter! – sind gegenseitig. Mit einem entscheidenden Unterschied: Marlene Dietrich war aus eigener Kraft Marlene Dietrich. Maria Riva aber scheint tatsächlich nur die schwache Tochter einer starken Mutter zu sein. – Übrigens: Noch nie war ich so erleichtert, nicht Mutter einer Tochter zu sein, wie nach der Lektüre dieses Buches.

Mein Name ist Johnny

Über den erotischen Charme des Rollenbruchs

Was eine Tunte ist, ist bekannt. Die ist noch peinlich, aber schon salonfähig und hat ihren Weg aus den Spezial-Kaschemmen in die Jedermann-Wohnzimmer längst angetreten. Da heißt sie dann »Mary« und erregt samstagabends im 1. Programm das Wohlgefallen auch solcher Herren, die von ihren transvestitischen oder homosexuellen Lüsten noch nicht einmal zu träumen wagen. Der Mann im Fummel ist zweifellos die bessere Frau. Er ist die schärfere Prostituierte, das elegantere Mannequin, der verrücktere Showstar. Er weiß eben ganz genau, was Männern gefällt.

Diese Tunte hat ein Pendant: den Kessen Vater, knapp auch KV genannt. Doch jenseits der wenigen Quadratmeter Frauenwelt, außerhalb der Damenbars und Frauendiscos, ist der Kesse Vater eine graue, keineswegs schillernde Figur. Eine Frau, die auftritt wie ein Kerl, ist heutzutage nur peinlich. Dabei war vor gar nicht so langer Zeit der Glamour des KVs schillernder als der der Tunte. Im Berlin der 20er Jahre beherrschte er die Szene, und Hollywood profitierte bis in die 50er von seinem Abglanz. Mal schmiß der Kesse Vater als vitale Claire Waldoff den Kerlen ihren Lehm doppelt zurück, mal verdrehte er als fatale Marlene Dietrich im Smoking auch der Schönsten den Kopf.

Dann traten die Nazistiefel alles platt, den Rest erledigten die heimkehrenden Kriegshelden aller Fronten: sie zwangen die Frauen zurück in die »weibliche« Rolle – der Weiblichkeitswahn, stillende Mütter und putzende Hausfrauen waren wieder angesagt. Frauen, die sich sogenannte männliche Freiheiten nahmen, gerieten ganz und gar aus der Mode. Auch für die neue Frauenbewegung waren die erotischen Rollenbrecherinnen zunächst kein Thema, war ihr doch alles »Männliche« zutiefst suspekt, egal ob im Männer- oder Frauenkörper. Sisterhood war angesagt, Gleichheit statt Polarisierung.

Seit einigen Jahren aber hat der KV Renaissance. Ob mit 18 in der Frauendisco oder mit 80 in der Damenbar. Sogar die Cover betulicher Frauenzeitschriften locken ihre Leserinnen mit dem verwegen als Kerl auftretenden Weib. Wie aufregend, daß sie Frau und Mann zugleich ist. Das trifft zugleich die (eingestandene) Schwäche der Frauen für die Männer und ihr (uneingestandenes) Faible für die Frauen. Ihr Mut und ihr Sexappeal aber ist der männlich inszenierten Frau leider selbst oft nicht einmal bewußt.

Den ersten Schritt tut die Rollenbrecherin aus Widerwillen: Widerwillen vor dem Weibsein in einer Männerwelt. Den zweiten Schritt tut sie aus Faszination: Faszination für die Freiheiten des Mannseins in einer Männerwelt. Und dann nimmt sie sich diese Freiheiten ganz einfach – unabhängig vom biologischen Geschlecht. Die Stunde der Geburt des KVs hat geschlagen.

Woran erkennen wir den KV? An seinem Widerwillen vor Röcken (am eigenen Leibe); seiner lässigen Art, sich das Haar aus dem Gesicht zu streifen; seinem distanzierten Verhältnis zur Hausarbeit und seinem Faible für Taschenmesser, Schlüsselanhänger und all diese männlichen Insignien. Wir erkennen den KV aber auch an diesem kleinen verletzlichen Zug im Gesicht – denn der Preis für eine Frau, die Männern Konkurrenz macht, ist hoch in der Männergesellschaft. Schon im Beruf und in der Politik bezahlt frau das teuer – von der Erotik ganz zu schweigen.

Selbstverständlich liebt der wahre KV, im Gegensatz zur schlichten Rollenbrecherin, Frauen, gerne auch

»echte«. Denn woran schließlich erkennt man den »echten« Mann besser als an der Frau an seiner Seite? Versteht sich, daß es den KV in vielen Varianten gibt, die haben die Männer ja auch: von Woody Allen bis James Bond, von Elvis Presley bis James Dean. Nicht immer weiß der KV, daß er einer ist. Denn das Männlichkeitstabu für Frauen ist im Patriarchat so groß, daß selbst die wenigen, die es zu durchbrechen wagen, das kaum zugeben können. Es fehlt das Vorbild. Es fehlt die Ermutigung. Es fehlt die Bewunderung.

Die Tunte wird gefeiert. Ihr wird verziehen, weil sie sich herabläßt, in einer Zeit, in der der »neue« Mann mit der Weiblichkeit kokettiert, in der sogar »echte« Männer weinen und Ohrringe tragen dürfen. So ein bißchen Weiblichkeit macht den Manne erst zum Menschen. Dem Kessen Vater aber wird nicht verziehen. Das kleinste Gramm Männlichkeit verzerrt die Frau zum verhöhnten Mannweib. Beim Griff von Frauen zu männlichen Freiheiten hört der Spaß auf.

Dabei ist diese Mischung von Weiblichkeit plus Männlichkeit mindestens so erotisch wie die von Männlichkeit plus Weiblichkeit, sicher aber gewagter. Und: Wenn die Tunte die wissendere Frau ist, ist der Kesse Vater der wissendere Mann.

Haß in Solingen
Zum zwiefachen Herren- und Untermenschentum

Nein, es sind keine »Wahnsinnigen«, wie Außenminister Kinkel beruhigend vermeldet. Es ist auch nicht nur die »asoziale Gewalttätigkeit«, wie Bürger Kohl vermutet. Es sind auch keine »Einzeltäter«, wie ein Teil der Presse nur zu rasch glauben wollte. Es ist auch nicht »die rassistische Bestie«, die Ralph Giordano beschwört. Und es sind schon gar nicht immer »Nazis«, wie es die taz skandiert (»Nazis raus!«). Es sind die eigenen Kinder.

Genauer: Es sind die eigenen Söhne. Sie sind es, die in Solingen und überall randalieren, Feuer legen und »Ausländer klatschen«. Nehmen wir nur mal die vier von Solingen: Da ist Christian R., 16, vaterlos, Sonderschüler, zeitweise Heimkind, mit neun zum ersten Mal Feuer gelegt, bekannt für seinen Ausländerhaß, Schalke-04-Fan. Da ist Christian B., 20, Sohn aus bürgerlichem Haus (Vater Installateurmeister) wegen Untauglichkeit zurückgestellter Fallschirmjäger. Da ist Markus G., 23, arbeitsloser Versicherungsvertreter, Trinker, Mitglied der Heavy-Metal-Band »Determent« und der rechtsradikalen »Deutschen Volksunion«. Und da ist Felix K., 16, Arzt-Sohn (Vater engagiert bei den »Ärzten gegen den Atomtod« und Mutter aktive Umweltschützerin), Fan der rechtsextremen Band »Störkraft«, Karate, Baseball.

Der 16jährige Felix sieht aus wie der Liebling aller Tanten und Töchter: süßes Jungengesicht mit langem, blondem Haarschopf, große blaue Augen. Er ist weder der »Wahnsinnige« von Kinkel noch der »Asi« von Kohl und auch nicht die »Bestie« von Giordano. Wer ist er also? »Was haben die Eltern falsch gemacht?« fragte als erste die »Bild-Zeitung« (denn es können anscheinend nur die

Eltern sein, die was falsch machen) und gab in einer zenti-
meterhohen Schlagzeile auch gleich die Antwort: »Die
Mutter war viel unterwegs.«

Und auch die alleinerziehende Mutter von Christian R.
gestand »Bild« schuldbewußt: »Ich habe mich für den Beruf entschieden – das war ein Fehler.« – Als käme der
Mist von den Müttern und nicht aus der Porno- und Bru-
talo-Produktion der daran gut verdienenden Väter!

6500 rechte Skinheads zählt der Verfassungsschutz zur
Zeit in Deutschland. Ihre Sympathisanten gehen in die
fünf- und sechsstelligen Zahlen. Sie kommen aus den un-
terschiedlichsten sozialen Milieus, sind Sonderschüler
oder Studenten, arbeitslos oder Karrieremänner. Die
meisten sind zwischen 15 und 25 und alle haben eines gemeinsam: Sie sind Männer! Nur maximal jeder 20. Skin-
head ist weiblich (Bräute mit inbegriffen), und bei den
rechten Polit-Gruppen ist das Zahlenverhältnis ähnlich.
Wenn es hoch hergeht in den Männerbünden im Motor-
radclub, im Konzert, auf dem Fußballplatz, in der Partei
oder beim »Ausländer klatschen« – dann sind die Herren
unter sich.

Diese neuen Herrenmenschen sind die erste, nicht zuletzt via Medien voll brutalisierte und voll pornographi-
sierte Generation. Diese neuen Herrenmenschen, die
meist so kläglich aussehen, üben Tag für Tag das Siegen:
das Fertigmachen, Zusammenschlagen, Vergewaltigen,
Morden. Sie spielen es unter der Schulbank und im Kin-
derzimmer mit Computern, sie sehen es im Wohnzimmer
auf Videos und im Fernsehen, sie üben es beim Konzert
oder im Stadion. Und sie wollen endlich, endlich auch
mal ernstmachen. Frauen vergewaltigen – eh klar. Ausländer klatschen – das törnt an.

Ja, diese jungen Männer sind nicht nur Herrenmenschen, sondern meist auch arme Würstchen. Aber was

nutzt es den Opfern, daß die Täter ratlos, einsam, unsicher sind? Und: ratlos, einsam oder unsicher sind Frauen auch – sie sind oft sogar noch einsamer und noch unsicherer. Und die vielen weiblichen Inzest-Opfer? Warum also reagieren frustrierte Frauen nicht so? Warum wählen doppelt so viele Frauen wie Männer die Grünen und doppelt so viele Männer wie Frauen die Rechten?

Die Antwort darf nicht nur in den sozialen Bedingungen gesucht werden – denn dann hätten wir ebenso viele randalierende und brandschatzende Mädchen auf der Straße wie Jungen. Wir sehen aber nur junge Männer. Auf beiden Seiten übrigens: bei den randalierenden Herrenmenschen und bei den zurück randalierenden Türken. Während ihre Väter und Männer arbeiten, sich unter die Deutschen mischen oder in der Moschee debattieren, hocken die Frauen in ihren vier Wänden: ein ideales Angriffsziel.

Daß die Art der Attacke – das heimtückische, feige Zündeln – eigentlich nicht dem »Ehrenkodex« dieser neuen Herrenmenschen entspricht, scheint diese Täter nicht zu stören. Sie nehmen ihre Opfer so wenig ernst, daß sie sich beim Killen noch nicht einmal an ihre »Männerehre« gebunden fühlen.

Der »Rambo-Kult« hat auch die deutschen Jungmänner ergriffen (nicht alle, aber zu viele). In ihrer Phantasie sehen sich diese Jungs als strahlende, harte, brutale Sieger – und die anderen als Untermenschen: Frauen, die Ja meinen, wenn sie Nein sagen; Fremde, die hier nichts zu suchen haben und ihnen nur ihre Freundinnen wegnehmen. Und von diesen Jungs erwarten wir Menschlichkeit oder sogar Einfühlungsvermögen? Woher soll das denn kommen?! Sie sind ja bis zum Kotzen abgefüllt mit Menschenverachtung.

Bei den Jungmännern auf der anderen Seite ist es übrigens ganz ähnlich. Die harte Türkenrandale ging nicht zufällig vor allem von fundamentalistischen Gruppen aus. Unbehelligt residiert der türkische Khomeini, Cemaleddin Kaplan, in Köln, »verurteilt« nicht schriftgläubige Schriftsteller zum Tode und hetzt die islamischen Gotteskrieger gegen die (un)christlichen Andersgläubigen. Köln ist die Hochburg der islamischen Fundamentalisten in Deutschland. Bei der Trauerfeier in Köln für die in Solingen ermordeten Frauen nutzte der Iman der Moschee die Gelegenheit, bei seiner offiziellen Ansprache alle Türkinnen zum Kopftuch-Tragen und alle Türken zur Trennung von den Frauen innerhalb der Trauergemeinde aufzufordern!

Der Fundamentalismus ist die orientalische Variante des westlichen Faschismus. Beide sind Männersache. Wenn man vor diesem Hintergrund an die Mann- und Wehrhaftigkeit der Türken appelliert, trägt man zur Eskalation des Männerkrieges bei. Die Frauen sterben währenddessen weiter an der Heimatfront, in ihren Wohnungen.

Nein, die Antwort kann nicht noch mehr »Wehrhaftigkeit« für die Rambos aller Nationen sein. Die Antwort muß »Wahrhaftigkeit« sein (Weizsäcker): Alle, auch die Männer, die das nicht wollen, müssen jetzt den Ursachen dieses neu aufflammenden Männlichkeitswahns nachspüren und sie bekämpfen.

So wie wir Frauen (bisher ohne Resultat) erwarten, daß eine jede und ein jeder allen vom Sexismus bedrohten Frauen zur Seite steht – so muß es selbstverständlich werden, daß eine jede von uns jederzeit und überall gegen Rassismus einschreitet: Stoppt die Täter und helft den Opfern!

Therapie statt Recht?
Über den Schutz für Opfer und die
Verantwortung der Täter

Die Geschichte geschah und geschieht in einem 200-Seelen-Dorf in Westdeutschland. Im Juni platzte der Skandal. Ein 18jähriger hatte versucht, eine 15jährige zu vergewaltigen. Es passierte an einem Sonntagnachmittag in ihrem eigenen Zimmer. Der Täter war in das Haus eingedrungen, hatte sich auf das Mädchen geworfen und ihr ein Schlachtermesser an den Hals gesetzt. Nur durch einen Trick (»Tu das Messer weg, dann mache ich alles, was du willst«) konnte sie sich retten. Der Junge floh.

Das geschockte Mädchen erzählte alles seinem elfjährigen Bruder. Der warf sich schreiend auf den Boden. Es stellte sich heraus, daß er vier Wochen zuvor von demselben 18jährigen vergewaltigt worden war, anal, mit dem Messer und der Drohung: »Wenn du ein Wort sagst, bringe ich dich um.«

Der Täter wohnt rund 150 Meter weiter, Täter und Opfer kennen sich lebenslang. Er ist ein Pflegekind, und als er mit fünf Jahren ins Dorf kam, war er in einem erbarmungswürdigen seelischen und körperlichen Zustand: Knochenbrüche, Unterernährung, Schorf. In den ersten Jahren schlief er nur mit geballten Fäusten. Seinen beiden kleinen Schwestern, die mit ihm kamen, ging es nicht anders.

Noch am Tag des Überfalls traf der Vater der Opfer den Täter. Der 18jährige schluchzte, er wolle es nie wieder tun. Die Familien sind verwandt. Ein, zwei Wochen vergehen tatenlos. Nur dank der Initiative einer Frau im Dorf beginnen einige Kinder zu reden. Es stellt sich heraus: die beiden waren nicht seine ersten Opfer. Das direkt gegenüber wohnende Nachbarsmädchen wurde zum ersten Mal mit sechs und zum zweiten Mal mit elf vergewaltigt – erst dann hat sie geredet. Das Jugendamt wurde informiert. Konsequenz: eine Therapie für den Täter. Sein Opfer hat seit Jahren Alpträume von »schwarzen Drachen und Wölfen« und weigert sich, alleine zu schlafen. Gewarnt wurde niemand.

Nun wissen alle Bescheid. Doch es geschieht nichts. Der Täter fährt jeden Morgen zur Arbeit und geht abends durchs Dorf. Und die Kinder reden. Eins, noch eins und noch eins. Die haben Glück gehabt, folgten ihm nicht in den Wald oder konnten sich wehren... Wer wird der oder die nächste sein?

Im Dorf will niemand Ärger. Die Kinder tuscheln, die Erwachsenen schweigen. Die Eltern der Opfer erstatten keine Anzeige. Die Pflegeeltern machen einen zweiten Anlauf für eine Therapie. Nach zwei Konsultationen bei dem jungen, neu zugezogenen Psychiater in der Kreisstadt bekommt der 18jährige von dem Arzt Termine bis August – und das, obwohl die Frau den Psychiater angerufen und ihn über den alarmierenden Zustand der Opfer und die akute Gefahr informiert hatte.

Nun ruft die Frau beim Jugendamt an, das ja schon lange Bescheid weiß, aber »mit dem nicht mehr Minderjährigen nichts mehr zu tun« hat. Die Frau ruft bei der Polizei an. Ja, man ist informiert. Nein, bisher wurde niemand vernommen, schließlich liegt ja noch nicht einmal eine Anzeige der Eltern der Opfer vor. Stimmt, aber Vergewaltigung ist ja ein Offizialdelikt, muß also verfolgt werden. Außerdem: Befürchtet nicht auch die Polizei neue Opfer, bei der Häufigkeit und Enthemmtheit der Taten? Und müssen die nicht geschützt werden? »Wie stellen Sie sich das vor? Wir sind ja hier keine Rambos. Wenn wir da immer gleich verhaften würden, dann müßten wir jeden zweiten Jugendlichen verhaften.«

Jeden zweiten?

Immerhin, am nächsten Tag werden die drei Opfer gehört. Dann vergehen wieder ein, zwei Wochen. Die Kinder tuscheln weiter, inzwischen über die Opfer. Der kleine Junge, der vorher sehr unbefangen und lebhaft war, ist nun ganz still und verläßt kaum noch das Haus. Das mißbrauchte Mädchen schreit und schluchzt jetzt alles raus.

Das Dorf ist eher konservativ. Einige, allen voran der Pflegevater des Täters, sind sonst rasch dabei mit Kopfab-Parolen. Diesmal aber wird viel vom »armen Täter« geredet, der »ja auch eine arme Sau ist«. Stimmt. Und die Kinder?

Die Kinder haben Angst. Wie sollen sie weiterleben mit dem Täter, diese bisherigen (und zukünftigen?) Opfer? Die Pflegeeltern halten zu ihm, ihre Erziehung darf nicht gescheitert sein. Aber die hilflose Mutter sagt auch einen Satz wie diesen: »Wenn im Wald ein totes Kind gefunden wird, dann kann neben dem Grab gleich noch eines für meinen Mann und mich ausgehoben werden.« Der Psychiater sagt: »Das kriegen wir schon in den Griff.« Die Familie bewacht den Jungen rund um die Uhr. Seine Schwestern sind übrigens bisher nicht zu Tätern geworden – es stellt sich eher die Frage, ob auch sie seine Opfer sind.

Kurz vor der drohenden Verhaftung sorgen die Pflegeeltern des Täters dafür, daß er sich freiwillig in die Psychiatrie einweisen läßt. Der Haftbefehl wird außer Kraft gesetzt. Der Täter ist weg. Das Dorf atmet auf. Die Kinder lachen wieder lauter, wollen wieder zelten. Das Nachbarmädchen schreit in seinen Alpträumen zwar immer noch: »Er kommt wieder!«, kann aber getröstet werden: Du brauchst keine Angst mehr zu haben.

Einen Monat später verbringt der Täter sein erstes freies Wochenende zu Hause, 20 Meter entfernt von dem

Mädchen. Am Wochenende darauf ist er zum zweiten Mal da, die offene Psychiatrie und »ein Leben in der gewohnten Umgebung« gehören »zu seinem Therapieplan«. Auch für seine Opfer ist es nun wieder die gewohnte Umgebung: die Hölle. Von ihnen macht übrigens keines eine Therapie.

Der jugendliche Vergewaltiger wurde als Verbrecher angeklagt und wird nun als Patient behandelt. Seine Psychologen kennen nur ihn und keines seiner Opfer. Seine Taten bleiben auf der Strecke. Seine Opfer auch. Ein Fall von vielen.

Und wie viele kindliche Opfer können noch nicht einmal reden? Wie viele jugendliche Täter müssen noch nicht einmal ein Unrechtsbewußtsein haben? Und wie oft ersetzt die Psychiatrie in solchen Fällen die Justiz? Ist es ein Fortschritt, wenn über dem Verständnis für die Täter die Opfer vergessen werden? Und ist es ein Zufall, daß gerade bei Sexualverbrechern – deren Opfer »nur« Frauen und Kinder sind – das Verständnis so groß ist?

Lächerliches Tierrecht
In der Hiercharchie stehen sie ganz unten:
die Tiere

Ich komme aus einer Familie, der ausgesetzte Katzen über den Zaun geworfen und streunende Hunde vor die Tür gesetzt wurden. Die blieben dann, entsprechend ging's zu. Auch um die Tiere draußen wurde sich gekümmert, um die im Wald oder die in der Stadt. Meine Großmutter, die es liebte, »in die Stadt« zu gehen, fütterte Tag für Tag die Tauben auf dem Elberfelder Neumarkt und an anderen einschlägigen Stellen. Mit hastigen Bewegungen verteilte sie Mais und andere Körner aus einer Plastiktüte, umschwärmt von Tauben, die ihr entgegenflogen, sobald sie um die Ecke bog. War sie verhindert, ging ich, der 50er-Jahre-Teenager.

Und da, beim Taubenfüttern, habe ich etwas begriffen: Ich habe begriffen, wie groß der Haß ist. Tauben verdrecken die Stadt… Das Ungeziefer auch noch füttern… Die sollte man lieber vergasen und Sie gleich mit… Original-Ton. – Da blieb mir nichts anderes übrig, als mich zu fragen: Wer verdreckt denn hier am meisten die Stadt und die ganze Welt gleich dazu? Wer bestimmt eigentlich, wer »Ungeziefer« ist und wer »nützlich« und wer achtbares Leben? Und ist das nicht *ein* Geist, in dem hier immer gesäubert oder vergast werden soll?

Es ist. Daß das Engagement für die Tiere so lächerlich ist, das liegt ganz einfach daran, daß die Tiere selbst so verachtet sind. Das ist bei der Sache der Frauen nicht anders. Frauen, die sich für Frauen oder Tiere einsetzen, sind ähnlich groteske Gestalten: angeblich frustrierte, einsame, alte Frauen mit verbittertem Blick und komischen Hüten (siehe Suffragetten). Und mannlos sind sie, deswegen brauchen sie ja den »Ersatz«.

Die Hierarchie ist klar: Ganz oben ist der Eine, der Herrenmensch. In Relation zu ihm sind die übrigen »die anderen«. Unter dem Herrenmenschen sind die anderen Männer. Unter den Männern sind die Frauen. Unter den Frauen die Kinder. Und ganz unten, unter allen, sind die Tiere. Sie sind die Mindersten von allen. Sind sie nicht mindestens »nützlich« oder haben das Glück, ein »Lieblingstier« zu sein, dann sind sie vogelfrei.

Sich für Tiere einsetzen ist so ziemlich das Kläglichste, was der Mensch tun kann. Tut es ein Mann, kann der Fehltritt noch auf dem Spleen-Konto verbucht werden. Tut es eine Frau, gerät sie schnell auf den gefährlichen Abhang, auf dem sie geschwind der alleruntersten Stufe entgegenrutscht…

Frauen und Tiere. Die sind in den Augen des Patriarchats seit Jahrtausenden ein Programm: Sie sind das Fleisch, der Mann ist der Geist; sie sind die Natur, der Mann ist die Kultur; sie sind das Opfer, der Mann ist der Täter. Über 320000 deutsche Männer sind stolze Besitzer eines Jagdscheins (noch nicht einmal drei Prozent davon sind Frauen). Doch es sind Millionen, die bewaffnet sind. Denn hinzu kommen die legalen Waffenscheinbesitzer, die illegalen Waffenträger und legalen Messerstecher, von schwereren Geschützen ganz zu schweigen. Zur Zeit kostet zum Beispiel eine Handgranate aus Ostbeständen auf dem Schwarzmarkt 80 DM. Und auch da kaufen und verkaufen ausschließlich Männer. Denn Töten und Schlachten ist Männersache. Und es wird an Tieren geübt.

Wer zu Ende denkt, was Menschen mit Tieren machen, der ahnt, was Menschen mit Menschen tun können. Der Respekt vor dem Anderen ist unteilbar. Wer diesen Respekt nicht vor dem Tier hat – und zwar vor jedem Tier! auch vor Ratten und Kakerlaken! – der hat ihn auch nicht vor dem Menschen. Denn so willkürlich, wie einzelne Tierarten oder alle Tiere degradiert werden können, ebenso willkürlich können auch alle Menschen oder einzelne Rassen und Gruppen degradiert werden: Ausländer, Juden, Frauen – es trifft immer die jeweils »Anderen«, die Schwächeren. Und wer nutzlos oder wertlos ist, das bestimmen die Einen, die Stärkeren.

Während Sie diese Zeilen lesen, werden in einheimischen Laboren Zehntausende von Tieren gefoltert und getötet; sie werden in Tierfabriken produziert und an Seele und Körper verkrüppelt; sie werden verladen, gestoßen, geschlachtet; sie werden gequält und verlassen. Das alles ist legal. Der Mensch darf alles machen mit dem Tier, fast alles. Da fällt ihm kein Gesetz und kein Mensch in die Arme.

Das heißt: doch. So ganz gilt das nicht mehr. Immerhin gibt es heute allein in Deutschland eine Million organisierte TierschützerInnen, darunter zunehmend auch TierrechtlerInnen. Ihnen genügt es nicht (mehr), nur zu schützen. Aber es ist keineswegs ein Zufall, daß die Tierrechtsbewegung zuletzt kommt: nach den Menschenrechtsbewegungen (sprich Männerrechtsbewegungen) der 60er, nach den Frauenrechtsbewegungen der 70er und den Kinderrechtsinitiativen der 80er. Erst jetzt kommen die Tiere. Endlich.

Familie im Eimer?
Der Bonner Traum von der deutschen Mutter

Na, das »Jahr der Familie« fängt ja gut an. Beim hochoffiziellen Auftakt Anfang des Jahres in Berlin »spielten, lachten und sangen drei Generationen zwei Tage lang« auf Einladung der CDU-Familienministerin Rönsch. Zur gleichen Zeit barsten die »Häuser für geschlagene Frauen« aus allen Nähten und standen die Frauen, wie immer nach Weihnachten, beim Scheidungsrichter Schlange.

Da helfen auch keine beschönigenden Trendmeldungen und beruhigenden Sonntagsreden. Geheiratet wird in Deutschland immer weniger: heute ein Viertel weniger als noch vor 30 Jahren. Und geschieden wird immer mehr: heute viermal soviel wie 1960.

Ist die Familie also im Eimer? Nein. Denn die Ehe ist ja nicht identisch mit der Familie – und die Familie nicht mit der Ehe. Es steigt die Zahl eheloser Mütter und Väter ebenso wie die kinderloser Ehen. Moderne »Eltern« sind verheiratet oder nicht. Sie sind Mann und Frau oder ein Elternteil. Sie sind Frau und Frau oder Mann und Mann. Wie sie's halten, das ist ihre Privatsache. Gegenstand staatlicher Familienpolitik können nur Kinder oder andere sogenannte »Abhängige« sein (Alte zum Beispiel), die in einer solchen Lebensgemeinschaft versorgt werden.

Der Staat redet gern von Familienpolitik, sehr gern. Aber er weiß bis heute nicht, was darunter eigentlich zu verstehen ist. Denn das deutsche Grundgesetz nennt »Ehe und Familie« in einem Atemzug und stellt beide unter den »besonderen Schutz der staatlichen Ordnung«. Doch warum sollte zum Beispiel ein privilegierter Mann, der sich den Luxus einer Hausfrau erlaubt, unter »besonderem staatlichen Schutz« stehen?

Was mit Schutz gemeint ist, sehen wir am sogenannten »Steuersplitting«. Mit diesem Steuerbonus gewährt Vater Staat berufstätigen Männern mit Hausfrau Jahr für Jahr einen Nachlaß von 30 bis 40 Milliarden Mark. Und zwar unabhängig davon, ob in der steuergeschützten Ehe (noch) Kinder leben oder nicht. Diese Regelung steht in krassem Widerspruch zu der so gerne beschworenen »Steuergerechtigkeit«. Denn mit den Milliarden wird nicht etwa das Aufziehen von Kindern finanziert, sondern der 24-Stunden-Service für Ehemänner.

Ein gutverdienender Ehemann kann sich, wie 99 % aller Politiker, schon deshalb den Luxus einer Hausfrau erlauben, weil er dank Steuersplitting für sie bis zu 20 000 Mark im Jahr kassiert. Die Hausfrau sieht davon keinen Pfennig. Sie ist zwar Grund des Steuerbonus, hat aber selbst noch nicht einmal einen Rechtsanspruch darauf. Im Gegenteil. Will sie eines Tages (wieder) berufstätig werden, wird sie dafür vom Finanzamt auch noch bestraft. Denn dann sackt der Steuernachlaß ihres Mannes in den Keller. Und der macht Sprüche wie: Was mich das kostet, daß du arbeiten gehst. Du bleibst besser gleich zu Hause.

Da klagt Bonn über den Mangel an Solidarität, Kindern und Geld. Doch was wäre mit den durch Streichung des Steuersplitting gewonnenen Milliarden nicht alles anzufangen! Wie viele Kindergärten könnten gebaut, wie viele Ganztagsschulen gefördert und wie viele Kindergelder erhöht werden. Diese 40 Milliarden sind zum Beispiel genau die Hälfte des Geldes, das fehlt, um das von der Brandenburger Ministerin Regine Hildebrand vorgeschlagene Kindergeld von 600 DM pro Kind zu finanzieren. Raus aus der Hausfrauenkasse und rein in die Kinderkasse!

Die Deutschen sterben aus, jammern die Pessimisten. Ein Blick nach Frankreich zeigt, wie Frauen Mut zu mehr

Kindern gemacht werden kann. Unser Nachbar mit den Spitzengeburtenraten hat Kindergärten und Ganztagsbetreuung mit Mittagstisch für 100 % aller Kinder. Da geraten deutsche Mütter ins Träumen…

Und Familienministerin Rönsch? Die macht Sprüche wie diesen: In der Familie »werden Werte wie Liebe, Vertrauen, Verantwortung und Toleranz erlernt und erlebt«. Schön wär's. Von Abhängigkeit und Gewalt scheint unsere Familienministerin noch nie gehört zu haben. Statt neckische Feste zu feiern und hohle Festreden zu halten, sollten Sie lieber handeln. Auch in Deutschland ist die Uhr nicht mehr zurückzudrehen, Frau Rönsch.

Denn moderne Frauen wollen beides: Familie UND Beruf. Und wenn Staat und Väter sie so im Stich lassen – ja dann entscheiden sich eben immer mehr Frauen immer öfter für ein eigenes Leben.

Beyond Bitch
Darum kastrierte Lorena Bobbit ihren Mann!

Die Ruhe ist dahin. »Ich kann nur raten, auf dem Bauch zu schlafen«, warnte John Bobbit seine Geschlechtsgenossen. »Wenn ein Typ darauf besteht, seinen Penis als Waffe einzusetzen, gehört er – wie auch immer – schleunigst entwaffnet«, bekräftigte »Time«-Kolumnistin Barbara Ehrenreich. Und auf den Autos, Frau am Steuer, mehren sich die Aufkleber: »Beyond Bitch«. Frei übersetzt: »Schlampen, wehrt euch!«

Eine hat es getan. Jetzt könnte es jede tun. Der Damm ist gebrochen, Gewalt ist für Frauen kein Tabu mehr. Es kann zurückgeschlagen werden. Oder gestochen. Amerikanische Hausfrauen denken beim Anblick eines Küchenmessers nicht mehr nur ans Petersilie-Hacken.

Diese Revolution in ihren Köpfen verdanken sie einer kleinen, zierlichen, 24jährigen Kosmetikerin namens Lorena Bobbit. Die Frau schritt in der Nacht vom 23. Juni 1993 zur Tat: Sie schnitt ihrem schlafenden Ehemann, dem 26jährigen Marine-Soldaten John Bobbit, mit einem Küchenmesser den Penis ab.

Das Ding konnte wieder angenäht werden (was so manche verbitterte: »Sie hätte es in den Mülleimer schmeißen sollen!«). Aber beide kamen vor Gericht. Sie wegen Kastration. Er wegen »sexueller Nötigung«, denn »nur« Vergewaltigung ist in der Ehe im US-Staat Virginia so wenig strafbar wie in der Bundesrepublik Deutschland.

Er wurde im November freigesprochen und tourt seither für Hunderttausende von Dollars durch Talkshows. – Und das, obwohl vor Gericht bewiesen werden konnte, daß er sie seit Jahren folterte (»Mit den Methoden, die er bei den Marines gelernt hatte«) und ein Faible fürs Vergewaltigen hat. Das sagte nicht nur die Ehefrau, die von ihm auch in der Tatnacht im Schlaf vergewaltigt wurde, das bestätigten auch seine Kumpel: »Er hat oft erzählt, wie er es genießt, Frauen zum Sex zu zwingen.«

Sie wurde jetzt ebenfalls freigesprochen. Scheinbar. Denn bei näherem Hinsehen hat ihr Freispruch die Grenzen einer psychiatrischen Anstalt. Lorena Bobbit sei zum Zeitpunkt der Tat »nicht zurechnungsfähig« gewesen, urteilten die zwölf Geschworenen (darunter sieben Frauen). Sie ersparten der geborenen Ecuadorianerin damit die denkbare Höchststrafe von 20 Jahren und die Ausweisung aus den USA. Aber sie ersparten ihr nicht die Einweisung in die Psychiatrie, wo sie 45 Tage lang bleiben muß. Dann werden die Ärzte entscheiden, ob sie wirklich freikommt. Ein solches Urteil ist typisch. Denn Irrenhäuser sind die wahren Frauen-Gefängnisse. Und sie sind viel gefährlicher als ein klassisches Gefängnis, in dem man den Menschen zwar die äußere Freiheit nimmt, ihnen aber wenigstens die innere läßt; und in denen die Länge der Strafe durch ein Urteil geregelt und nicht der Willkür der Ärzte ausgeliefert ist.

Die amerikanischen Frauen – die neuerdings beim Victory-Zeichen anzüglich schnippen sollen – haben eine neue Heldin. Aber diese Heldin sitzt, wie so viele Heldinnen vor ihr, in der Klapse. Frauen, das verrückte Geschlecht. Verrückt vor Demütigung und Schmerz.

Als die 15jährige Lorena nach Amerika einwanderte, hatte sie noch Träume, auch von der Liebe. Die hat ihr ihr Mann gründlich ausgeprügelt und -gerammelt. Ihre Tat in dieser Nacht war nackte Notwehr. Die 50-Kilo-Frau konnte sich gar nicht wehren gegen den 90-Kilo-Mann, sondern nur den Schlafenden entwaffnen. Hätte sie gehen können? Das scheint für traditionelle Frauen wie Lorena noch schwerer zu sein als sich zu wehren. Vor allem, wenn der Mann, wie John, droht: »Ich finde dich, wohin du auch gehst. Und ich werde dich weiter bumsen.«

Mit dem Schnitt hat Lorena Bobbit sich vielleicht sogar das Schicksal erspart, das allein in den USA mindestens 4000 Frauen erleiden: so viele sterben alljährlich an den Folgen von Vergewaltigungen und Mißhandlungen durch ihre Ehemänner, Freunde, Brüder und Väter. Das teilte die »National Coalition Against Domestic Violence« mit. In Deutschland werden diese Toten bisher (noch) nicht einmal gezählt. Wir dürfen aber getrost von ähnlichen Zahlen ausgehen.

Und der Gesetzgeber? Die Opfer des Fremdenhasses kennt er. Die Opfer des Frauenhasses werden noch nicht einmal gezählt. Und in den Schubladen der Justizministerin vergammelt seit Jahren der Gesetzesentwurf, der endlich auch die Vergewaltigung in der Ehe strafbar machen soll. Unabhängig von ihrer Parteizugehörigkeit sind fast alle Politikerinnen in Bonn dafür – und fast alle Politiker dagegen.

Die seelische und körperliche Zerstörung von Frauen ist in Männergesellschaften Gewohnheitsrecht und Recht. Es bleibt den Opfern gar nichts anderes übrig, als selbst zu handeln. Und da muß ja Frauenfreude aufkommen, wenn eine zurückschlägt.

Sündenfall Emanzipation
Warum diese First Lady
scheitern muß

»Wer weiß, was Hillary Clinton daraus machen wird? Sie wird vermutlich die letzte der alten Sorte und die erste einer neuen sein«, so sinnierte Jane O'Reilly am Ende ihres Hillary-Porträts Anfang letzten Jahres in Emma. Und genau so ist es. Aber genau das muß Hillary Rodham Clinton zerreißen.

Ihre augenblicklichen Schwierigkeiten haben zwei Gründe. Den ganz durchschaubaren Grund, daß das große Kapital – nämlich die Privatversicherungen und die Unternehmer, die die von Hillary betriebene Krankenversicherung für alle viel Geld kosten würde – zurückschlägt: Sie sind's, die nach Leichen in Miss Rodhams Keller graben. Plus den schon komplizierteren Grund, daß die Gratwanderung der Präsidentengattin unausweichlich irgendwann zum Absturz führen muß. Gleichzeitig aber *muß* eine endlich diesen Weg gehen – damit die nächste weitergehen kann.

Hillary ist das Ende vom Alten und der Anfang vom Neuen. Sie ist die Brücke zwischen der Frau an seiner Seite und der Frau an ihrem eigenen Platz. Sie ist der Kompromiß, der den Gedanken an das Ungeheuerliche überhaupt erst zuläßt. »Im Jahr 2010 werden wir eine Präsidentin haben.« Es ist Hillary Clinton, die das gesagt hat, mitten im Wahlkampf – was ihren Mann fast den Sieg gekostet hätte. Schon da ist sie zu weit gegangen. Sollte sie eines Tages recht behalten, wird sie stolz darauf sein können, dazu beigetragen zu haben.

Das Unverzeihliche an Hillary Clinton ist für ihre GegnerInnen ja weniger ihre Stärke und mehr die Tatsache, daß sie weiß, wie stark sie ist, und es auch noch zeigt. Sie ist nicht die erste First Lady im Weißen Haus mit Power. Schon 1921 tönte Florence Harding nach der Wahl ihres Mannes: »Tja, Warren, ich hab dir die Präsidentschaft verschafft.« Und Eleanor Roosevelt hielt eigene Pressekonferenzen ab. Aber Hillary ist die erste, die aus der zweiten Reihe vortritt.

Auf die Frage, was ihr damals in Yale an ihrem Kommilitonen Bill so besonders gefallen habe, antwortete sie: »Daß er keine Angst vor mir hatte.« Und er sagte: »Sie war das Größte, was auf zwei Beinen ging.« Gewagt und zeitgemäß zugleich, für beide. Aber noch machen die Männer von gestern das Gesetz von heute. Darum werden die Clintons nicht nur an ihrer Staatspolitik, sondern auch an ihrer Geschlechterpolitik gemessen – und persönlich vermutlich auch daran scheitern. Doch in der Sache werden sie uns weiterbringen: Ein Mann, der seine Frau, und eine Frau, die sich selbst ernstnimmt – welche Herausforderung!

Die heute 47jährige Hillary Rodham Clinton wird in den Medien manchmal eine »Tochter der Frauenbewegung« genannt. Präziser sagte es der Reporter von »Vanity Fair«: »Hillarys Engagement wurde mit entflammt von der Fackel, die eine schweigende Generation von Müttern an die Töchter der feministischen Bewegung weitergereicht hat.« Hillarys Mutter: »Ich war fest entschlossen, daß keine Tochter von mir die Qual erleiden sollte, sich nicht zu trauen, das zu sagen, was sie denkt.« Als die vierjährige Hillary sich immer wieder von einem Mädchen verdreschen läßt, sagt die Mutter trocken: »In diesem Haus ist kein Platz für Feiglinge. Das nächste Mal schlägst du zurück.« Gesagt, getan. Prompt kommt Klein-Hillary mit einer Siegesmeldung nach Hause: »Jetzt kann ich mit Jungs spielen!« Was sie fortan tat.

Auf der Eliteuniversität Yale hatte Hillary Rodham das

Glück, einen Mann zu treffen, der die Herausforderung annahm. Aufgewachsen bei den Großeltern, empfindsam geworden durch einen saufenden, prügelnden Stiefvater und fasziniert von einer schrägen, aber starken Mutter – kein Wunder, daß Bill auf Hillary flog. Stark ist die gläubige Protestantin, aber nicht schräg: Sie verfolgt schnurgerade ihren Weg. Daß es auf diesem American way of success auch Abwege gibt – wen will das wundern (auf dem deutschen Erfolgsweg gibt es noch nicht einmal eine Hillary)? Wer wirft da den ersten Stein?

Steine auf die zu starke Erfolgsfrau werfen zur Zeit nicht nur die Männerbündler, für die Hillary die Schlange ist, die einen der ihren zum Sündenfall verführt hat: zu einem Sündenfall namens (ernstgemeinter) Partnerschaft. Steine werfen neuerdings auch einige Feministinnen, was schon erstaunlicher ist. Denn: Woher soll die neue (Traum)Frau eigentlich kommen?

Große Männer stehen auf vielen Schultern. Große Frauen sind allein. Werden die Clintons die Whitewater-Kampagne durchhalten? Oder werden die Gegner es schaffen, das Paar sogar privat zu spalten? Vielleicht überleben es die beiden. Aber wenn der Fall durchgestanden ist, kommt der nächste… Hillary wird auf jeden Fall so angefaßt aus dem Weißen Haus rausgehen, daß an eine eigene Präsidentschaftskandidatur nicht (mehr) zu denken ist. Doch: Sie macht den Weg freier für die nächste.

Transsexualismus: Dazwischen
Wenn die Seele stärker ist als der Körper

Transsexuelle sind Menschen, deren Seele ein anderes Geschlecht hat als ihr Körper. Männer, die sich wie Frauen fühlen. Oder Frauen, die sich wie Männer fühlen. Ihr Konflikt zwischen Seele und Körper ist so groß, daß auch der Gesetzgeber seit 1980 die Anpassung des Körpers an die Seele erlaubt. Denn umgekehrt geht es nicht: Die Seele ist stärker als der Körper – was nicht ohne Komik ist in einer Kultur, in der steif und fest das Gegenteil behauptet wird.

100 bis 150 Transsexuelle lassen sich allein in Deutschland jährlich operieren. Ebenso viele aber behalten ihren Körper und wechseln nur die soziale Identität. Die Fälle von Frauen, die Männer werden, steigen. Vor 20 Jahren lautete die Schätzung noch: eine Frau-zu-Mann auf fünf Männer-zu-Frauen. Heute lautet die Schätzung: eine auf ein bis zwei. In Deutschland leben zur Zeit etwa drei- bis sechstausend Transsexuelle, vermutet Prof. Pfäfflin, der in den letzten 14 Jahren selbst über 600 therapiert hat.

Aber was wird da eigentlich therapiert und operiert? Was ist ein Mann? Und was eine Frau? Den meisten Menschen ist eine, zumindest phasenweise, Geschlechtsirritation nicht fremd – kein Wunder in einer Gesellschaft, in der Menschen nicht einfach Menschen sein dürfen, sondern Frau oder Mann sein müssen. Und bezeichnend, daß die Sehnsucht von Frauen, ein Mann zu sein, auch von Experten keineswegs zwangsläufig als »krankhaft« angesehen wird. Es gilt im Patriarchat als »normal«, aus der weiblichen Enge zu den männlichen Freiheiten zu streben. Was einer der Gründe dafür sein wird, warum die (aufsteigenden) Frau-zu-Mann-Transsexuellen den Schritt im Schnitt etliche Jahre früher tun als die (absteigenden) Mann-zu-Frau-Transsexuellen.

Dennoch waren bis vor kurzem vor allem Männer, die Frauen werden, im öffentlichen Bewußtsein. Es ist neu, daß auch von Mann gewordenen Frauen die Rede ist. Und ganz neu ist, daß Feministinnen, die Männer wurden, sich zu Wort melden. Denn bisher hatten die Frau-zu-Mann-Transsexuellen es schwerer, auch bei den Experten: »Die wollen den Frauen einfach keinen Penis geben«, höhnte Marjorie Garber in ihrem Buch über das Cross dressing, den Kleidertausch.

Die Palette der Abweichungen von der Geschlechter-rollen-Dressur ist breit. Manchen genügt die Freiheit zur »Unweiblichkeit« oder »Unmännlichkeit«. Andere genießen die Ausflüge ins andere Geschlecht, den dress cross statt body cross. Wobei die männlichen Transvestiten – von denen die meisten heterosexuell sind! – ihren Schlupf in die Frauenkleider meist erotisch zu besetzen scheinen, die weiblichen Transvestiten ihren Ausflug in den Männerhabit eher sozial genießen. Wen wundert's. Transsexuelle aber gehen weiter. Sie wollen im anderen Geschlecht nicht zu Gast sein, sie wollen das Andere sein. Das ist eine Tatsache – auch wenn es wünschenswert bleibt, daß ein Mensch seinen Körper nicht verändern muß, damit er zur Seele paßt.

Doch warum genügt nicht das Cross dressing, warum muß ein Body cross sein? Und: gäbe es überhaupt Transsexuelle, wenn die Geschlechterrollen nicht Käfige wären und wenn die moderne Medizin den Körperwechsel nicht überhaupt erst denkbar und möglich machen würde?

Aus vergangenen Jahrhunderten sind uns zahlreiche Fälle überliefert von Männern, die als Frauen gelebt haben; ebenso von Frauen, die als Männer gelebt haben. Ihre Gründe sind vielfältig. Frauen sind in Männerkleider geschlüpft, um den Gefahren des Frauseins zu entgehen;

um Männerberufe auszuüben oder auf Abenteuerreisen zu gehen; oder einfach, um Frauen lieben oder sogar heiraten zu können — wie Bill Tipton vom Tipton-Trio, dessen wahres Geschlecht zur Fassungslosigkeit von Ehefrau und seinen drei (Adoptiv)Söhnen erst bei seinem Tod 1988 entdeckt wurde. Er mied, wie viele andere, den genitalen Kontakt mit seiner Frau unter dem Vorwand einer Krankheit. Frauen schlüpfen aber auch in Männerkleider, weil sie sich einfach als Mann fühlen. Ist das der Beginn der Transsexualität?

Prof. Goren, der in Holland einen Lehrstuhl für Transsexualität hat, ortet die ersten Anzeichen allerdings viel früher. Er sagt: »Wenn ein Mädchen seine Puppen verschenkt, mit Autos und technischen Baukästen spielt und Jungenbücher liest, sollten die Eltern beim Psychologen vorsprechen.« Diese Haltung demonstriert die Gefahren einer Rehabilitierung des Transsexualismus: die richtige Seele zum richtigen Körper. Und wenn was nicht paßt, dann wird nicht etwa der Seele Raum gegeben, sondern der Körper wird zurechtgestutzt. Ruckediguh, ruckediguh, Blut ist im Schuh...

Ein »transsexuelles Imperium« nennt die amerikanische Autorin Janice Raymond die Psychologen und Ärzte, die den Schritt von einem Geschlecht ins andere begleiten und möglich machen. Ein Imperium, das auch dafür sorgt, daß Frauen Frauen bleiben und Männer Männer, notfalls mit dem Messer. »Wenn ein Mädchen seine Puppe verschenkt...« Da müßten aber viele Mädchen unters Messer! Doch den meisten würde der Griff zum Jungenspielzeug vermutlich schon vorher abtherapiert. Und den puppenspielenden Jungen nicht minder. Ziel: Frauen sollen Frauen bleiben und Männer sollen Männer bleiben — was immer das heißen mag.

Vor einigen Jahrzehnten stand die Geschlechtsidentitätsforschung noch an der Spitze des Fortschritts, denn sie war bereit, die Abweichung der seelischen Geschlechtsidentität (gender) von der biologischen Identität (sex) zu erkennen. Heute läuft dieselbe Wissenschaft Gefahr, sich vor den Karren des Rückschritts spannen zu lassen: nämlich ihre Erkenntnisse zur Geschlechterdressur statt zur Geschlechterbefreiung einzusetzen.

Die Iranisierung des Westens
Die heiligen Krieger sind weltweit im
Vormarsch

Am 1. März 1994 wurde in Qom, der »heiligen Stadt«
und Ayatollah-Residenz im Iran, eine Frau zu Tode gesteinigt. Iranische Zeitungen meldeten, die verheiratete
Frau und Mutter habe sich der »Prostitution und des Ehe-
bruchs« schuldig gemacht. Nach islamischem Gottes-
recht, das in von Fundamentalisten beherrschten Ländern
Gesetz ist, werden Männer bei einer Steinigung bis zu
den Hüften und Frauen bis zum Hals eingegraben – kann
das Opfer sich während der Steinigung aus eigenen
Kräften befreien, wird es nicht weiter bestraft...
Neun Tage zuvor, am 21. Februar, riß Homa Darabi
sich auf dem Chemiran-Platz in Teheran den verhaßten
Schleier vom Leib und zündete sich an. Als sie in Flammen
stand, schrie die 53jährige Ärztin und Psychologie-Professorin, die von der Universität verjagt wurde, weil sie
eine Frau ist: »Tod den Gewaltherrschern! Es lebe die
Freiheit! Es lebe der Iran!«
Am 27. März wurde in der türkischen Hauptstadt Istan-
bul ein militanter Fundamentalist zum Bürgermeister gewählt. Er erließ umgehend die Anweisung, Männer und
Frauen in den Bussen getrennt zu setzen (»Wir wollen
doch die vom Islam gewünschte Sitzordnung einhalten.«).
Auf den Straßen der Hauptstadt werden »unsittlich« an-
gezogene junge Frauen, zum Beispiel in Stretch-Hosen,
angespuckt. An der Universität bedrohten junge Bärtige
Studentinnen mit dem Messer: »Eure Röcke werden auch
noch länger werden.« In Diyarbakir wurde ein Mädchen
mit einem Schlachtermesser schwer verletzt, weil es unverschleiert ging.
Am 22. März gingen in Algier über 50 000 Menschen auf

die Straße, darunter vor allem Frauen: Junge und Alte, Analphabetinnen und Intellektuelle, Verschleierte und Unverschleierte. Mit Rufen wie »Wir wollen keinen Iran! Wir wollen ein algerisches Algerien« zogen sie vor den Sitz der Menschenrechtskommission.

Die fünf Frauenorganisationen, die mitten im algerischen Bürgerkrieg todesmutig zu dem Protestmarsch aufgerufen hatten, schicken noch am selben Tag einen offenen Brief an den algerischen Präsidenten Redha Malek und fordern ihn auf, endlich »den Dialog mit den Mördern« zu stoppen: »Diese blutigen Fundamentalisten reden nicht, sie töten. Sie schneiden die Kehle durch, sie enthaupten, sie schlitzen die Bäuche auf. Sie verbrennen bei lebendigem Leibe. Sie vergewaltigen. Wenn wir uns dem Schleier, diesem Zwang zur fundamentalistischen Uniform, beugen, akzeptieren wir die Kapitulation des demokratischen Algeriens.«

Der Schleier ist seit dem Siegeszug des Ayatollah Khomeini 1979 im Iran das Symbol für den Kampf gegen den »dekadenten Westen«, die Entrechtung der Frauen und die Diktatur des »Gottesstaates«, in dem zum Beispiel auf Ehebruch oder Homosexualität der Tod durch Steinigung steht, die Stimme einer Frau vor Gericht nur halb soviel wiegt wie die eines Mannes und Frauen kein Recht auf Berufstätigkeit haben und sich unsichtbar machen müssen unter dem Schleier.

Algerien wird im weltweiten Feldzug der Fundamentalisten zum Prüfstein. Dieses Land, das zusammen mit Kuba einst Hoffnung und Modell für die ganze Dritte Welt war, gleitet jetzt aus den Händen der sozialistischen Militärdiktatoren in die der islamischen Gotteskrieger. Es ist ein offenes Geheimnis, daß die Fundi-Zentrale Iran und die saudiarabischen Staaten gerade Algerien seit Jahrzehnten mit Petro-Dollars unterwandern – in der Hoffnung, von dort aus eine Offensive im Mittelmeerraum und damit auch nach Europa starten zu können.

Nach den Statistiken der Polizei wurden in Algerien seit Sommer 1992 genau 30 Frauen und Mädchen ermordet, davon 18 in den ersten drei Monaten dieses Jahres. Ihr Vergehen: Sie entsprachen nicht dem Frauenbild der Islamisten. Geschiedene Mütter verbrennen zusammen mit ihren Kindern in ihrem von Fanatikern angezündeten Haus. Studentinnen lauern marodierende Horden auf dem Weg zur Uni auf und vergewaltigen sie. Und jüngst wurde die 17jährige Schülerin Katia Bengagna auf offener Straße von Islamisten erschossen – ihre verschleierte Freundin ließ man weitergehen. In zahlreichen algerischen Städten, darunter Jijal, Blida und Larbaa, schicken Eltern Mädchen nicht mehr zur Schule.

Am Anfang waren es vor allem selbständige und berufstätige Frauen, die von den Islamisten vergewaltigt, gefoltert und ermordet wurden. Inzwischen kann es jede Frau sein, die ihnen nicht paßt. So vergewaltigten und ermordeten sie in Chlef eine Frau, weil deren Sohn Polizist ist. Und in Algier erschossen sie eine Algerierin, weil sie mit einem Belgier verheiratet war.

»Wir raten allen Fremden, das Land zu verlassen«, drohte Abdullah Anas, der Sprecher der terroristischen Islamischen Heilsfront, FIS, Anfang dieses Jahres ganz unverhohlen im »Spiegel«. Und selbstbewußt kündigte er an: »Das Banner des Islam wird spätestens in einem Jahr über dem Präsidentenpalast in Algier flattern.« Nicht ausgeschlossen, daß er recht behält – und das auch dank der Unterstützung durch Politiker und Geheimdienste des Westens.

So wächst in Algerien das Erstaunen darüber, daß man Rehab Kebir, einen der Köpfe der islamischen Heilsfront – auf deren Konto nach eigenen Aussagen Hunderte von

Morden im Namen der »gerechten Sache« gehen! –, in Deutschland zwar im Sommer 1993 festnahm, dann jedoch nicht etwa nach Algerien abschob, sondern wieder freiließ. Seither soll der heimliche FIS-Chef in Köln leben. Deutsche Behörden scheinen nicht sehr beunruhigt darüber. Erst auf Presseanfragen gaben sie bekannt, sie hätten »keine ladungsfähige Anschrift« Kebirs.

Die demokratische algerische Zeitung »Le Matin« meldete im Februar, daß »Bonn islamistische Ingenieure im Gebrauch von Walkie-talkies unterwiesen hat« und der MIA (der terroristischen Armee des FIS) die dazu passenden Geräte geliefert habe, »in Plastik, nicht aufspürbar durch Suchgeräte«.

Nicht nur anti-fundamentalistische AlgerierInnen, auch IranerInnen im Exil verzweifeln darüber, daß die Fundamentalisten ihre Kräfte nicht nur aus den eigenen Reihen beziehen, sondern, so klagte jüngst der iranische Ex-Ministerpräsident Bani Sadr in Paris, auch aus der »Unterstützung des Westens, besonders aus Deutschland« (taz). In Algerien werden Stimmen laut, die sich fragen, ob es sich hier um einen Schulterschluß der internationalen Rechten handele, deren Ziel ein »Grand Reich« ist, so die Tageszeitung »El Watan«.

Am 11. März meldete die FAZ, jetzt seien noch 300 Deutsche in Algerien, die meisten von ihnen mit Algeriern verheiratete Frauen (mit ihren Kindern). Sie alle schweben in höchster Lebensgefahr. Die deutsche Schule wurde inzwischen nach Mallorca verlegt.

Am 13. März stürmte ein 50-Mann-Kommando das Gefängnis von Tazkoult-Lambese und befreite 900 Gefangene, darunter Hunderte von Fundamentalisten, von denen 26 wegen oft vielfachen Mordes zum Tode verurteilt waren. Seither ziehen noch mehr Fundi-Killer durch das Land. Die Häftlinge entkamen durch geöffnete Gefängnistore, das heißt, sie flohen mit Hilfe zumindest eines Teils des Personals.

Genau das ist das Drama im algerischen Bürgerkrieg: Auf allen Ebenen des korrupten, ex-sozialistischen Militärstaates sitzen Sympathisanten der Fundamentalisten, bis hinein in die Regierung. Sie unterstützen den langen, blutigen Marsch der Gotteskrieger auf dem Weg zum Gottesstaat à la Iran. Alle, die dagegen sind, müssen sich in jeder Stunde und Sekunde darauf gefaßt machen, daß die Fundi-Killer kommen: auf der Straße, am Arbeitsplatz, in den Schulen und Universitäten, ja sogar zu Hause. Die Gotteskrieger töten von Tag zu Tag brutaler, aus Lust am Massaker ebenso wie zur Abschreckung und Einschüchterung. Unter den letzten Toten war auch der Direktor der Kunsthochschule, den sie zusammen mit seinem Sohn in der Hochschule erschossen, einfach weil sie gegen Kunst sind, sowie einen Lehrer, den sie vor den Augen seiner Kinder im Klassenzimmer erschossen, einfach weil sie gegen Wissen sind.

Ganz Algerien lebt in Angst vor den fanatisierten, oft arbeitslosen jungen Männern, die von den Fundamentalisten mit Geld und großen Sprüchen verführt wurden. Die Situation in Algerien 1994 ist vergleichbar mit der in Deutschland 1933, vor der Machtergreifung. Und heute wie damals geht es allen Nichtgläubigen an den Kragen, allen voran den Frauen mit dem aufrechten Gang. Die Bilanz der getöteten Frauen kommentiert »Le Matin« resigniert mit den Worten: »Die Tatsache, daß diese nach 1962 geborenen jungen Leute sich vor allem die Frauen vornehmen, ist das makabre Resultat ihrer Erziehung in der Schule.« – In Schulen, die seit Jahren systematisch von den Fundis unterwandert wurden.

In der deutschen Politik gibt es bisher links wie rechts kaum jemanden, der/die die Gefahr überhaupt ahnt, geschweige denn erkennt, die Algerien und der gesamten islamischen Welt und damit auch Europa droht. Dasselbe galt bis vor kurzem für die deutsche Presse, die erst zögernd berichtet, seit es auch Ausländern und Deutschen in Algerien an den Kragen geht. Die deutsche Linke und ihre Organe à la »taz« gefielen sich bisher in der Attitüde der »multikulturellen Toleranz« auch mit den islamistischen Fanatikern. Sie wird wohl, wie gewohnt, erst erwachen, wenn es ihr selbst an den Kragen geht (so wie das nach der Machtergreifung Khomeinis im Iran auch rasch der Fall war).

Bleiben die Frauen. Die müssen anfangen zu begreifen und zu handeln, auf allen Ebenen! Denn es geht nicht »nur« um die Menschenrechte der Frauen im Islam – es geht um die Menschenrechte der Frauen auf der ganzen Welt. Wir alle sind von der »Iranisierung« bedroht.

Emma verrecke!
Das Attentat: Keine Argumente mehr?

»Laßt Emma sterben!« Dieser fromme Wunsch ziert in halbfett ein Flugblatt der »NOGERETE« (Nationale feministische Organisation gegen Gen- und Reproduktionstechnologie) aus Zürich. Er bringt in schlichter Direktheit auf den Punkt, worum es bei dem Frauen-Überfall auf Emma geht.

Wer wünscht Emma da eigentlich den Tod? Frauen. Frauen aus »der linksextremen Szene« (was immer das heißen mag). Sie sind überwiegend homosexuell, jung und haben ihr Studium abgebrochen oder jobben. Je unbedeutender und ohnmächtiger diejenigen sind, die uns da verwünschen, um so haßerfüllter sind ihre Pamphlete und Attacken. »Sobald sie eine Stelle finden, sind sie wieder aus der Szene raus«, wissen Kenner.

Die Flugblätter und Parolen, die diese Frauen verbreiten, dokumentieren das klägliche Niveau ihres politischen Bewußtseins. Ein Frauenflugblatt aus Frankfurt fordert den Boykott des »sexistischen und rassistischen SCHMIERBLATTS Emma«. »Euthanasie ist Gewalt« sprayten die »-ffinnen« an die Emma-Wand – und kamen sich vermutlich ganz toll vor. Diese Frauen wissen offensichtlich noch nicht einmal, daß in der deutschen Geschichte Euthanasie Mord war – und das ist so unendlich viel mehr als nur Gewalt. »Nazis vergasen«, auch das ist aus solchen Spraydosen zu lesen.

Bei diesem ungebrochenen Vokabular aus den guten alten braunen Zeiten entbehrt es nicht ganz der Komik, wenn dieselben Kreise Emma des »Rassismus pur!« bezichtigen. Das sind genau die gleichen »linken« Eiferer, die noch vor 20 Jahren in der Berliner Synagoge eine Bombe legten, um es »dem Imperialisten-Staat« mal so richtig zu zeigen.

50 Jahre sind eben nicht viel Zeit. Und die da jetzt grölen, tragen den Ungeist offensichtlich noch unverarbeitet in sich. Die Glatzköpfe in den Springerstiefeln setzen die Tradition ihrer Eltern und Großeltern ungebrochen fort – da wissen wir wenigstens, woran wir sind. Und die Selbstgerechten in den stramm organisierten Links-Reihen oder im easy Anarcho-Milieu, die einfach nur alles »anders« machen wollen, sind nichts als das exakte Spiegelbild ihres vermeintlichen Gegners.

Beiden gemeinsam ist das Elitedenken (Sie haben das Recht, sich über andere zu erheben), die Menschenverachtung (Parolen sind wichtiger als das Leben) und: Emotionalisierung statt Aufklärung. Die einen reden rechts und handeln rechts. Die anderen reden (pseudo)links und handeln rechts.

Aber da ist in diesem Falle noch etwas: Es handelt sich um Frauen, um homosexuelle Frauen. Auf beides legen sie wert. Und diese Frauen demonstrieren nicht etwa, wenn wieder mal ein »Gattenmörder« drei Jahre für das Erwürgen und Portionieren seiner Frau bekommt. Sie sind auch nicht zu sehen, wenn eine Frau auf dem Nachhauseweg angefallen und vergewaltigt wird. Frauenhaß ist für sie kein Thema. Sie haben besseres zu tun. Sie sind »Anti-Rassistinnen«, jawoll! Und als solche haben sie das Recht, Emma die Bude kaputt zu schlagen.

Daß diese Frauen so gar nicht zu wissen scheinen, wo der Hauptfeind steht (und wer vielleicht nur die ärgerliche Schwester von nebenan ist), das hat nicht nur mit ihrem Mangel an Bewußtsein und dem Maß ihrer Entfremdung zu tun – das ist auch Ausdruck ihres Opportunismus. Denn Emma anpöbeln, das macht sich bei gewissen Männern allemal gut. Da kann frau Punkte sammeln, an die sie sonst nicht rankäme.

Der Kern dieser masochistischen Lust an der (Selbst)-

Zerstörung ist der weibliche Selbsthaß. Dieser jahrtausendealte Selbsthaß, der das Resultat einer zu langen Erniedrigung durch denjenigen ist, der das Gesetz macht. Vermutlich ist dieser Selbsthaß gerade bei manchen lesbischen Frauen besonders groß. Denn die haben, auch heute noch, oft Demütigungen und Ausgrenzungen hinter sich; und je weniger die eingestanden und verarbeitet sind, um so größer sind die selbstverleugnerischen Sprüche, die da geklopft werden.

Es ist also kein Zufall, daß ausgerechnet diese Frauen versucht haben, gezielt Emmas Arbeitsgeräte zu zerstören, Emma die Stimme zu nehmen. Und das nicht etwa im Namen ihrer Ohnmacht und ihres Neides, sondern im Namen des »Antirassismus« und »Feminismus«(!). Aber Politik ist eine zu ernste Sache, um sie für so niedrige persönliche Motive funktionalisieren zu lassen. Darum benennt Emma jetzt die (Neben)Fronten, mit denen sie seit dem ersten Tag ihrer Existenz zu kämpfen hat.

Die Machtfrage stellen!
Neue Strategien zur Eroberung der
Parlamente

Noch nie saßen in Bonn so viele Frauen im Parlament wie im neuen Bundestag – und noch nie war so wenig von Frauen(Interessen) die Rede wie im letzten Bundeswahlkampf. Wie erklärt sich dieser eigenartige Kontrast? Ist die Verleugnung ihrer Interessen als Frauén der Preis der Karrierepolitikerinnen fürs Mitmachen-Dürfen bei den Männer(parteie)n?

Ohne Frauen geht nichts mehr! Das ist nicht nur in der deutschen Politik so, wo heute immerhin jeder vierte Bundestagsabgeordnete eine Abgeordnete ist (im alten Parlament war jeder fünfte Abgeordnete weiblich). Überall, wo Frauen kandidieren, siegen sie. In Schweden übten die Frauen erfolgreich Druck durch Drohung aus, und 141 weibliche Abgeordnete zogen ins Stockholmer Parlament (was 41 % aller Abgeordneten entspricht). In Österreich gelten die liberale Parteigründerin Heide Schmidt und die grüne Spitzenfrau Madeleine Petrovic als die eigentlichen Siegerinnen der Wahlen (und die einzigen, die dem Rechtsaußen-Supermann Jörg Haider Paroli bieten können). Und bei den bayerischen Landtagswahlen im September holte die SPD-Spitzenkandidatin Renate Schmidt einen respektablen Achtungserfolg für die runtergewirtschafteten Sozialdemokraten.

Auf Frauen setzen lohnt sich, sie fahren Prozente ein. Das wissen vor allem die schwächeren und kleineren Parteien, die wenig zu verlieren und alles zu gewinnen haben. Die Siegerpartei CDU/CSU räumt diesmal nur 14 % ihrer Sitze für Frauen (macht 42 Parlamentarierinnen, sechs weniger als 1990!). Und ihre Koalitionspartei FDP, die es eigentlich nötig hätte, vergibt nur 17 % aller Sitze an Frauen (macht acht, neun weniger als 1990). Die aus der Opposition fightende und von den eigenen Frauen hart bedrängte SPD macht immerhin die quotengerechten 33 % der Sitze für Frauen frei (macht 83 Parlamentarierinnen, 17 mehr als 1990). Bei der PDS sind es 43 % (macht 13, vier mehr als 1990), und bei den Grünen / Bündnis 90 sind es stolze 57 % (macht 28, also 25 mehr als 1990).

Frauen erobern die Parlamente, sie kommen langsam, aber beachtlich. Um so bemerkenswerter, daß ihre Sache gleichzeitig in der Politik kein Thema mehr ist. Frauenfragen sind out, megaout, auch bei den sich als fortschrittlich verstehenden Parteien. Die bemühen sich inzwischen um Randgruppen wie Behinderte und Schwule mehr als um die Mehrheit Frauen. Woran das liegt? Ganz einfach daran, daß Frauen als Frauen keinen (organisierten) Druck machen! Da nutzt Jammern überhaupt nichts, Handeln ist angesagt.

Frauen in Bonn sind einsam, sehr einsam. Einmal in den gehobeneren Etagen der Männerpolitik angelangt, sind sie ihrer Partei verpflichtet und nicht dem Fußvolk Frauen. »Die« Frauen gibt es als Gruppe oder gar Pressuregroup ja auch gar nicht. Bisher existiert außerhalb von Bonn keine Frauenlobby, auf die (Frauen)Politikerinnen sich gegenüber ihrer Partei berufen könnten. Und bisher existiert auch innerhalb von Bonn keine Frauenlobby, in die Politikerinnen sich – über alle Parteigrenzen hinweg! – zurückziehen und mit der sie kungeln könnten: pro Frauen.

Es genügt also nicht, einzelne Frauen reinzudrücken in die Männermacht – diese Frauen müssen draußen wie drinnen auch Rückhalt und Zusammenhalt haben, um sich durchsetzen und die Machtfrage stellen zu können.

Frauen könnten Frauen stützen, egal von welcher Partei sie sind – und das, ohne deswegen differierende allgemeinpolitische Haltungen aufgeben zu müssen. Das ist nach unseren Wahlgesetzen sogar ganz ohne Blauäugigkeit möglich: nämlich indem wir alle Erststimmen einer Kandidatin geben, egal von welcher Partei (und Parteien dann Tendenz haben werden, mehr Kandidatinnen aufzustellen). Damit erreichen wir, daß alle Kandidatinnen innerhalb ihrer jeweiligen Partei bestärkt werden. Konkret: Auch die Nicht-CDU-Sympathisantin würde mit ihrer Erststimme für eine CDU-Kandidatin einfach nur dazu beitragen, daß statt eines CDU-Mannes eventuell eine CDU-Frau reinkommt – ohne damit die CDU als Partei zu stärken. Denn nur die Zweitstimme entscheidet wirklich über die Zahl der Sitze jeder Partei im Parlament und geht an die jeweils allgemeinpolitisch gewünschte Partei.

Oder Erst- und Zweitstimme gehen an eine – noch zu gründende – Frauenpartei. Die Schwedinnen haben die überraschende Aufstellung der vielen Kandidatinnen nur durch die Drohung mit einer Frauenpartei erreicht. Warum sollte das nicht auch bei uns funktionieren? Und warum sollten wir deutschen Frauen nicht tatsächlich eine eigene Partei gründen, die – ähnlich wie die Grünen die Ökologie – speziell Fraueninteressen vertritt? Eine solche Partei würde in Deutschland locker sechs bis acht Prozent einfahren – bei guten Kandidatinnen. Und: Eine Frauenpartei würde nicht nur selbst die Sache der Frauen vertreten, sondern zwänge allein durch ihre Existenz endlich auch die anderen (Männer)Parteien, Fraueninteressen wenigstens wahrzunehmen.

Noch ist Zeit. Ab spätestens 1997 müßte eine ernstzunehmende Frauenpartei an die Öffentlichkeit treten – so sie den Männerparteien echt auf die Füße treten will.

Die boylies kommen
Warum die Männermedien den girlie-Trend
lancierten

Schon gehört? Die neuen Männer sind out. Gnadenlos
out, denn sie sehen alt aus, finden die boylies. Diese boylies sind die Postsofties der Popkultur und wollen eines
auf keinen Fall: emanzipiert sein. Diese neuen boylies
wollen fun haben. Sie haben kahlrasierte Schädel, tragen
alte Uniformen, und ihre Füße stecken in Springerstiefeln.
Oder sie haben einen Dreitagebart und tragen lässigen
Luden-Look. Äußerlich wie innerlich ganz »bad boys«, so
wie Andreas. »Ich schlage meine Freundin, die
Schlampe, höchstens einmal die Woche, mehr find ich
übertrieben«, sagt der Münchner Filmstudent. Er gehört
zu der neuen Generation der Schläger, die sich nicht
mehr betrinken müssen, um eine Frau zusammenzutreten.
Im Berufsleben sehen die neuen boylies das ähnlich
nüchtern, ganz wie Ludger in Köln: »Ich find's total in
Ordnung, daß ich für meinen Job bei RTL das Doppelte
kriege wie meine Freundin. Ich steh eben auf dem Unterschied zwischen Männern und Frauen.« Grönemeyer &
Co? Schnee von gestern! Der Hamburger Medizinstu-
dent Tom: »Die Emanzipationsbewegung hat viel für uns
Männer getan, uns aber gleichzeitig festgelegt: weg davon, der Alleinverdiener zu sein und der Vergewaltiger.«
Dabei mache doch gerade das Mackersein ziemlich viel
Spaß, finden die drei.
HALT. Schluß mit dem grausamen Spiel. Dies ist keineswegs eine Emma-Trend-Story, sondern lediglich die
logische Fortsetzung der »Spiegel«-Trend-Story vom
21. November 1994. Darin wird mal wieder ein neuer
Trend lanciert bzw. kreiert: Girlies sind in, Feministinnen
sind out. Eine Trendstory, das weiß schon Susan Faludi, ist

kein Artikel, sie ist eine Predigt. Sie ist die Beschwörung des Gewünschten. Die wahre Emma-Trend-Story über die neuen jungen Männer müßte also nicht von »boylies« reden, sondern von Menschen und genau umgekehrt argumentieren: vielleicht außen manchmal »männlich«, innen aber einfach menschlich.

Und die wahre »Spiegel«-Trend-Story wünscht sich folgerichtig girls like that: »Sie tragen Blümchenrock und Kampfstiefel, wollen wild und feminin sein, freizügig und egoistisch.« Sie sind stolz auf ihre Weiblichkeit und die Betonung des Unterschieds. »Mädchen leiden nicht an dem Unterschied der Geschlechter – sie feiern und genießen ihn.« Indem sie zum Beispiel mit der Sängerin Liz Phair tönen: »Ich ficke dich, bis dein Schwanz blau wird.« Oder: »Du kannst mich von hinten nehmen. Dann können wir vögeln und dabei fernsehen gucken.«

New sex der new girlies? Quatsch. Alte Männerphantasien, die die neuen Männer übernehmen – nur einen Zacken härter. Alter ist nämlich keine Kategorie, die den Menschen definiert, den männlichen so wenig wie den weiblichen. Es gab früher wie heute dumpfe und bewußte, blöde und schlaue, offene und opportunistische Junge wie Alte. Alter hat nur von Generation zu Generation variierende Bedingungen.

Meine Generation hatte sich gegen Wirtschaftswunder-Väter und Hausfrauen-Mütter abzugrenzen. Die modernen taten das via Rock 'n' Roll, Jazz und Jeans – die modischen via Schnulzen, Petticoat und Schmollmund. Versteht sich, daß wir modernen Mädchen damals ziemlich begeistert waren über die Empörung der Spießer. Nach uns wurde sich noch schockiert umgedreht! Uns war es noch vergönnt, echte Bürgerschrecks zu sein. Was schwerer geworden ist heutzutage. Kaum zerreißt heute ein Mädchen seine Jeans und zerfetzt die Kleider – schon ist es von der Modeindustrie vereinnahmt und hängt bei C&A auf der Stange.

Und was die Mütter der heutigen Töchter angeht: die sind entweder wirklich (relativ) emanzipiert oder haben es zumindest (manchmal kläglich) versucht – und meist ihren Preis dafür bezahlt. Verständlich, daß die Töchter den nicht mehr zahlen wollen. Und jetzt auftrumpfen! Beunruhigend allerdings, daß dieser legitime Versuch der jungen Frauen, Neues und Eigenes zu finden, so gnadenlos von den Meinungsmachern manipuliert wird.

Girls und boys brauchen Vorbilder. Und die versuchen die Männermedien gerade mal wieder maßzuschneidern für »Emmas Töchter«. Girlie-Lektion Nummer 1: Vergiß alles, was war. Verachte die Frauengeneration vor dir. Lerne auf keinen Fall etwas von ihr – sondern fang wieder ganz von vorne an. Dein Kredo sei der Mann und deine Lieblingsbeschäftigung das »Ficken«.

Doch Göttin sei Dank ist die sogenannte girlie-Generation nicht immer so doof, wie ihre Manipulateure sie gerne hätten. Auch die jungen Mädchen wissen sehr wohl, daß ihre Mütter mal feige sind und mal mutig, mal langweilig und mal sexy – ganz wie sie selbst. Nur, diese Müttergeneration hat den Töchtern eines voraus: Erfahrung. Und die Töchtergeneration hat den Müttern eines voraus: neue Freiheiten – aber auch alte Illusionen. Beides sei euch herzlich gegönnt, girls. Macht eure eigenen Erfahrungen – aber profitiert gleichzeitig von unseren (das machen die Jungs & die Männer nicht anders). Und vor allem: Laßt euch nicht von diesen jungen, alten Böcken manipulieren – denn das habt ihr wirklich nicht verdient.

Das ist Männersache

Der Freispruch von O. J. Simpson:
Rasse sticht Geschlecht

Rasse sticht Geschlecht. Klar. Ein schwarzer Mann kann eine weiße Frau ungestraft ermorden. Auch wenn er, im Wortsinn, bis zu den Knien im Blut watet, die Anklage 1105 Beweise vorbringt, es kein Alibi für die Tatzeit gibt, er schon wegen Mißhandlung seiner Frau vor Gericht stand und sie seit Jahren einschlägige Folterfotos von sich im Tresor aufbewahrte mit dem verzweifelten Hinweis: Wenn mir was passiert, dann war er es! Daß er dennoch ungestraft davonkommen würde, das wußte schon die Ermordete und sagte es ahnungsvoll ihrer Schwester: »Er wird mich umbringen, und du wirst sehen: Er wird davonkommen.«

Er ist davongekommen. Und nicht nur für die Weltpresse war klar: Er war es! Dennoch ist Simpson freigesprochen worden. Denn hier wurde nicht über das individuelle Verbrechen eines Mannes gegen eine Frau (und einen Mann) zu Gericht gesessen, sondern über den kollektiven Rassismus weißer Amerikaner gegen schwarze.

Die Pointe der Geschichte ist, daß Frauen dieses Urteil fällten. Schwarze Frauen. In der Jury saßen neun Schwarze – darunter acht schwarze Frauen. Sie waren es, die den Ausschlag gaben für eines der skandalösesten Fehlurteile dieses Jahrhunderts. Wie hätten sie auch anders entscheiden können. Die ganze Nation kannte ihr Gesicht. Wie sich in die »schwarze Gemeinschaft« zurückwagen nach einer Verurteilung Simpsons...

Doch die schwarzen Männer haben ihren schwarzen Sklavinnen das Opfer der weißen Frau nicht gedankt. 13 Tage nach dem Urteil, am 16. Oktober, gingen sie zu 500 000 vors Kapitol in Washington und skandierten:

»Schwarze Männer vereint sind unbesiegbar!« Aufgerufen zu dieser Machtdemonstration des schwarzen Mannes hatte der Führer der »Nation of Islam«, Louis Farrakhan. Der 62jährige, verheiratete Black Muslim schloß dabei die schwarzen Frauen ausdrücklich aus. Er riet ihnen, zu Hause zu bleiben und »zu fasten und zu beten«.

Nach dem Triumph des einen nun der der Millionen: Die schwarzen Männer drängen aus der Ohnmacht an die Macht. Die Macht wird unter Männern neu verteilt. Auf der Strecke bleiben die Frauen, egal ob weiß oder schwarz.

Das zweite Opfer Simpsons ist auch schon zur Strecke gebracht. Es ist die Staatsanwältin Marcia Clarc. Clarc war bis zum Simpson-Urteil eine der erfolgreichsten Juristinnen der Staaten und gewann fünf Jahre lang jeden Prozeß. Jetzt aber hatte die weiße Frau es gewagt, ein schwarzes Idol anzuklagen. Dafür mußte sie bereits während des Prozesses einen dreckigen Psychokrieg über sich ergehen lassen, bis hin zu dem Versuch ihres Ex-Mannes und Scientology-Mitglieds, ihr die Kinder wegzunehmen (»Sie hat sich nicht um die Kinder gekümmert«).

Der gecleante Mörder ist aus dem Prozeß als schwerreicher Mann hervorgegangen. Sein »Wert« wird auf 100 Millionen Dollar geschätzt, mindestens. Und die nächste Blondine erwartete ihn bereits am Abend der Rückkehr aus dem Gerichtssaal am Gartentor. Noch dementiert »das gebeutelte Sportidol« (FR) die Heiratsabsicht mit dem Fotomodell Paula Barbieri. Und noch lebt Paula...

Gewonnen hatte der skrupellose Simpson-Anwalt Cochran den Prozeß mit der »Rassenkarte«. Die spielt jetzt auch der islamische Fundamentalist Farrakhan. Der ist Rassist, Sexist und Antisemit (das geht ja immer alles zusammen). Für den konvertierten Muslim sind »die Juden Blutsauger«, Weiße und Afroamerikaner »zwei Nationen«, und Frauen gehören nun mal ins Haus.

Das Erstarken von Farrakhans Black Muslims wird nicht nur von Weißen und Schwarzen in Amerika seit längerem mit Schaudern betrachtet. Doch für die deutsche Friedenspreisträgerin und Islamexpertin Annemarie Schimmel sind diese Black Muslims nichts als »ein interessantes Phänomen«, das sich »mehr und mehr dem traditionellen Islam anzugleichen« strebt. Diese Black Muslims sind in Schimmels Augen vor allem deswegen bemerkenswert, weil sie »durch ihre missionarische Arbeit in Gefängnissen erfolgreicher in der Drogenbekämpfung sind als die Polizei« (aus »Einführung in den Islam«, S. 128). Tja, so klein ist die Welt…

Apropos Deutschland: Da wurde in denselben Tagen erstmals im Parlament über den Entwurf zur Reform des Vergewaltigungsgesetzes diskutiert, mit dessen Verabschiedung – endlich! – Anfang nächsten Jahres gerechnet wird (wir berichten noch ausführlich). Einer der heikelsten Punkte des CDU / FDP-Kompromisses ist das sogenannte »Widerspruchsrecht« des Opfers: Die Frau soll die Vergewaltigungsanzeige zurückziehen können – und der Staat das Verbrechen nicht weiter verfolgen dürfen.

Was wohl O. J. Simpson mit Nicole Simpson gemacht hätte, wenn die es gewagt hätte, ihren Mann wegen Vergewaltigung anzuzeigen (wozu es zweifellos wiederholt Anlaß gab)? Na klar, zusammengeschlagen hätte er sie. Mit geballter Faust gezwungen, die Anzeige zurückzuziehen. Aber dalli! Und genauso würde es auch so mancher deutsche Ehemann tun. Da hülfe es auch nichts, wenn sie sich schon getrennt hätte. So ein Ehemann weiß Bescheid. Der findet seine Frau überall.

Denn die Welt ist klein für Frauen, die flüchten. Und überschaubar für Männer, die zusammenhalten.

Die halbe Gerechtigkeit
Warum »Mutter Weimar« angeklagt und
»Vater Weimar« frei ist

Die Entlassung von Monika Böttcher, geschiedene Weimar, am 4. Dezember 1995 aus dem Gefängnis ist erleichternd und beklemmend zugleich. Erleichternd, weil ihr damit endlich Gerechtigkeit widerfährt. Beklemmend, weil dies neun Jahre gedauert hat – und weil der wirklich Schuldige, der Vater, wohl nie angeklagt und schon gar nicht verurteilt werden wird.

Reinhard Weimar sei »psychisch krank«, sagen heute Medien und Richter. Die Nachricht von der Freilassung seiner Frau, die er zehn Jahre lang wissentlich der eigenen Tat beschuldigt hatte, nahm der bei ihrer Verurteilung noch jubelnde Mörder seiner Kinder mürrisch in seiner Stammkneipe zur Kenntnis. Auf die ihn rückwirkend entschuldigende Version seiner »hirnorganisch bedingten« psychischen Erkrankung gibt seine Ex-Frau die einzig passende Antwort: »Er wird mit seinem Gewissen nicht fertig, deswegen bekommt er auch immer wieder seine Ausraster und muß in die Psychiatrische eingeliefert werden.«

Mit ihrem Gewissen fertig zu werden scheinen die anderen durchaus. Die PhilippsthalerInnen, für die die Angeklagte von Anbeginn an »das Flittchen« und die »ahl Hex« war, und von denen sich so manche heute die Frage gefallen lassen müssen, ob sie den schuldigen Vater wissentlich gedeckt und die unschuldige Mutter wissentlich beschuldigt haben – so wie anscheinend die mit Reinhard Weimars Mutter befreundete Nachbarin, die die Kinder noch nach der Mordnacht gesehen haben will (was ihn entlastete und sie belastete).

Mit ihrem Gewissen fertig zu werden scheinen auch die

Ermittler, die 1987 Staatsanwalt Sauter ablösen ließen, als er Vater Weimar verhaftete, und die ihn der Sympathie mit Mutter Weimar beschuldigten. Mit ihrem Gewissen fertig zu werden scheinen ebenso die Richter, die die vielfachen direkten und indirekten Geständnisse von Reinhard Weimar geflissentlich überhörten und ihren wackligen Indizienprozeß auf Fasern von der Bluse der Mutter an der Kleidung der Kinder aufbauten!

Reinhard Weimar selbst hat nie aufgehört, Hinweise auf den wahren Täter zu geben. So sagte er schon 1986 im Polizeiverhör: »Wenn ich tatsächlich etwas damit zu tun gehabt haben sollte, dann muß es ein Ausfall gewesen sein. Dann war ich nicht mehr im Vollbesitz meiner geistigen Kräfte. (…) Wenn, dann war es ein black out. (…) Wenn ich die Kinder totgemacht habe, dann kann ich mich nicht mehr erinnern. Ich bin mir fast sicher, daß ich die toten Mädchen nicht abtransportiert habe.« Mindestens vier weiteren Menschen hat er es dann noch direkt gestanden, darunter 1988 einer Freundin: »Ich war das. Ich hab die Kinder totgemacht.«

Mehr kann ein Täter nicht sagen. Aber er durfte es nicht gewesen sein, der Vater. Die Mutter mußte schuld sein. Die Mutter, die ausgebrochen war aus einer lieblosen, gewalttätigen Ehe und sich einen Beruf und einen Geliebten genommen hatte. Die Mutter, die in der Mordnacht mit dem Geliebten tanzen gewesen war. Die Mutter, die sich genau deswegen eine Zeitlang schuldig gefühlt hatte… Dies war kein Mordprozeß – es war ein politischer, ein geschlechterpolitischer Prozeß.

Mit ihrem Gewissen fertig zu werden scheinen auch gewisse Journalisten, für die die Schuld der Mutter immer klar war. Allen voran Gerhard Mauz, seit Jahrzehnten Gerichtsreporter des »Spiegel«, sowie Gisela Friedrichsen, früher FAZ und jetzt ebenfalls »Spiegel«. – Diesen

Karrieresprung verdankt die Journalistin, die ein ganzes Buch über die Mord-Mutter schrieb (ohne je mit der gesprochen zu haben), übrigens ihrer tendenziösen Weimar-Berichterstattung (und lohnt es seither mit abstrus einfühlsamen Berichten über Vergewaltiger und Sexualmörder im »Spiegel«).

Als 1993 ein Wiederaufnahmeverfahren im Fall Weimar anstand, ging das frenetische Duo Mauz/Friedrichsen so weit, im Vorlauf der Verhandlung einen fünfseitigen Bericht über die »Schuld« Monika Weimars zu schreiben – und beeinflußte damit prompt zum zweiten Mal das Provinzgericht in Fulda. Selbst noch am Abend der Entlassung Monika Böttchers sprach Gerhard Mauz mit biblischer Unerschütterlichkeit in »Tagesthemen« die Worte: »Der Vater ist unschuldig.« – Was bedeutet: Die Mutter ist schuldig. Denn nur einer der beiden kann es gewesen sein. Um so befremdlicher, daß in einem aktuellen »Zeit«-Dossier zum Fall Weimar, das nicht mit Medienschelte spart, die Namen der in diesem Fall verantwortlichsten, selbstgerechtesten und skrupellosesten Berichterstatter fehlen: Gerhard Mauz und Gisela Friedrichsen.

Emma berichtet seit April 1987 über den Fall Weimar: über den »Hexenprozeß« gegen die Mutter, die Absetzung des ermittelnden Staatsanwaltes zugunsten des Vaters, die Zeugenaussagen gegen Reinhard Weimar, das Leben von Monika Böttcher im Gefängnis, den verzweifelten Kampf des Anwaltes Strate um die Wiederaufnahme, die Rolle der Medien und die Besessenheit der selbsternannten Scharfrichter Mauz/Friedrichsen. Auch für die übrigen Medien war der »Fall Weimar« nie zu den Akten gelegt.

Dennoch ist es nur dem Insistieren eines tüchtigen Anwaltes und dem Glücksfall eines unvoreingenommenen

Richters zu verdanken, daß Monika Böttcher endlich frei ist! Aber niemand kann Monika Böttcher ihre toten Kinder und die verlorenen zehn Jahre wiedergeben. Und niemand scheint bereit, den wirklich Schuldigen endlich zur Rechenschaft zu ziehen.

PS: Zur Zeit, Anfang 1997, läuft noch immer der zweite Prozeß gegen Monika Böttcher – und es scheint auch diesmal nicht sicher, daß sie freigesprochen wird. Und Reinhard Weimar ist weiterhin auf freiem Fuß – trotz zahlreicher Geständnisse unbehelligt.

Die Ehre der Geschlechter
Darum habe ich das Bundesverdienstkreuz
angenommen

Als ich jung war, erhielt Jean-Paul Sartre den Nobel-
preis – und lehnte ihn ab. Ich weiß nicht mehr, warum er
das tat, aber es hat mir kolossal imponiert. So unabhängig, so stolz, so lässig… In denselben Jahren erhielt Simone de Beauvoir den französischen Literaturpreis Prix
de Concourt – und nahm ihn an. Sie kaufte sich vom Preis-
geld die von ihr bis zum Lebensende bewohnte Atelier-
wohnung am Montparnasse. War Beauvoir weniger unabhängig, weniger stolz, weniger lässig… ? Ich habe
damals nicht darüber nachgedacht.

Als ich älter wurde, dachte ich zunehmend nach. Da ist
mir dann ziemlich rasch aufgefallen, daß es so einige Dinge gibt, die mann uns Frauen hartnäckig verwehrt. Macht
zum Beispiel, Geld, Kreativität, Lust – und Ehre. Die Ehre,
die Sartre einst so lässig in den Wind geschlagen hatte.

Jüngst nun bekam ich eine – im Vergleich zum Nobel-
preis – sehr kleine Ehre angetragen: nämlich das Bundesverdienstkreuz, das alljährlich ein paar tausend Mal an
jene deutschen Bürger verliehen wird, die sich, wie auch
immer, um »Volk und Staat« verdient gemacht haben. Ja,
ja, ganz recht, an Bürger – die Zahl der geehrten Bürge-
rinnen ist verschwindend gering. Wir Frauen sind schließlich das Geschlecht, das bisher bestenfalls seine Ehre zu
verlieren hatte – aber selten Ehre zu gewinnen.

Als mich die telefonische Vorab-Anfrage (Würden Sie
es annehmen?) in Sachen Ehre erreichte, war ich überrascht, ja, sogar ein wenig erschrocken. Ich erbat Be-
denkzeit, denn Medaillen und Kreuze sind mir fremd.
Und hatten nicht gerade wir Feministinnen immer Hohn
und Spott über diese Art von Glitzerkram gegossen?

Also startete ich eine kleine Umfrage: die höflich Kritischen zuerst, sodann die hemmungslos Autoritären. Und siehe da: da war nicht eine, die nicht spontan dafür war. Drei Argumente vor allem wurden angeführt. Argument Nr. 1: Uns Frauen steht es gut an, endlich auch mal geehrt, statt immer nur durch den Dreck gezogen zu werden. Argument Nr. 2: Gerade du kriegst doch dann das Kreuz dafür, daß du dich für Frauen eingesetzt hast, und das ist doch ganz toll. Argument Nr. 3: Mit einem Bundesverdienstkreuz für dich dürfen wir Frauen uns alle angesprochen fühlen!

Ich war rasch überzeugt und bin es noch. Und so habe ich mir das Kreuz anheften lassen und werde bestimmt diese oder jene passende Gelegenheit finden, es auch zu tragen (ob die Verleiher die Gelegenheit dann auch immer passend finden, steht noch auf einem anderen Blatt).

Keineswegs verschwiegen werden sollte, daß der Vorschlag zu dieser Ehrung vom Bundespräsidenten persönlich kam, und zwar gab er seine Empfehlung exakt am 3. Oktober 1995.

Am 3. Oktober? Ja, genau, zwölf Tage vor der Verleihung des Friedenspreises des Deutschen Buchhandels an Annemarie Schimmel, bei der eben dieser Bundespräsident die Laudatio hielt und ich zu denen gehörte, die Roman Herzog zunächst informiert, dann alarmiert und schließlich kritisiert hatten für seine stoische Haltung, mit der er bei seiner Ehrung für die so fragwürdige Sympathisantin der islamischen Fundamentalisten blieb. Am 5. September schrieben wir Schimmel-KritikerInnen sogar einen offenen Brief an den Bundespräsidenten – und erhielten nie eine Antwort.

Darf ich es also so verstehen, Herr Bundespräsident, daß dieses Bundesverdienstkreuz auch eine verspätete Art von Antwort ist? Will sagen, eine indirekte, diskrete

Ermutigung für kritisches, eben manchmal auch Ihnen unbequem werdendes Engagement?

Aber sicherlich eben nur auch. Denn vor allem ist es vermutlich als Zeichen gedacht für Ihre im Sommer letzten Jahres erklärte gute Absicht, in Zukunft mehr Frauen zu ehren. Sogar zu einer Quotierung ließen Sie sich hinreißen: 30 Prozent der Geehrten sollen ab jetzt weiblich sein. Ein Anfang!

Deutschland, ein Gottesstaat?
Herrscht auch bei uns bald Gottes Recht?

Der katholischen Kirche scheint es schwerzufallen, zu begreifen, daß Deutschland ein weltlicher Rechtsstaat ist – und kein Gottesstaat. Bei dem Gerangel um den angeblichen »Schutz des werdenden Lebens« (bei dem es vor allem um die Bevormundung der Frauen geht) schrecken die C(hristlichen)-Parteien inzwischen noch nicht einmal mehr vor dem offenen Rechtsbruch zurück.

Hatte es jahrzehntelang aus frömmelnden Mündern geheißen, Abtreibung verstoße gegen die Verfassung, und an die hätten Frauen sich gefälligst zu halten – so schert eben diese Verfassung die christlichen Machthalter jetzt einen Teufel.

Ein Vierteljahrhundert lang wurde gerungen, informiert, argumentiert und demonstriert in der deutschen Demokratie. Während der ganzen Zeit war die selbstbestimmte Mutterschaft ein Spielball der Patriarchen jeder Couleur und ihr Ziel die Zwangsmutterschaft. Vor allem die Schwarzen mochten sich nicht von ihren Vorstellungen einer »biologischen Bestimmung der Frau zur Gebärerin und Mutter« trennen. Wenn es nach ihnen ginge, würde auch noch eine Frau, deren Fötus schwerstbehindert oder Resultat einer Vergewaltigung ist, zum Austragen gezwungen. Daß sie das so sehen und so glauben, sei ihnen unbenommen – nur, daß sie auch anderen ihren Weg zur Seligkeit aufzwingen wollen, geht nicht.

Am 25. August 1995 verabschiedete der Gesetzgeber nach langem Hin und Her eine halbherzige Reform. Sie zwingt deutsche Frauen zwar weiterhin, den so ernsten und so persönlichen Entschluß mit fremden Dritten zu debattieren – aber sie macht die Abtreibung wenigstens nicht länger zum Gnadenakt, sondern zum Recht einer Frau. Ungewollt Schwangere sollen nach dem Willen des Gesetzgebers nicht länger erklären müssen, warum sie abtreiben wollen, und sie sollen auch nicht länger auf Küchentischen verbluten müssen: ihnen steht medizinische Hilfe zu. Immerhin.

Diese entscheidenden Punkte, und nicht nur die, versuchen militante Katholiken jetzt via bayerische Landesregierung und katholische Beratungsstellen wie der Caritas zu unterlaufen. Bereits wenige Monate nach dem Inkrafttreten der 218-Reform erließ die Bischofskonferenz »Vorläufige bischöfliche Richtlinien für katholische Schwangerschaftskonflikt-Beratungsstellen«. Darin wird von allen Caritas-BeraterInnen verlangt, die Frau »zur Annahme ihres Kindes zu ermutigen«, sie auf »physische und psychische Folgen einer Abtreibung aufmerksam zu machen«, möglichst »weitere Personen einzubeziehen, vor allem den Vater des Kindes«, sowie der ratsuchenden Frau auf keinen Fall Informationen über die Möglichkeit eines Abbruchs zu geben. Frauen, die von Anbeginn an zu erkennen geben, daß sie entschlossen zur Abtreibung sind, will die Caritas die Beratung verweigern.

Alle Caritas-MitarbeiterInnen mußten sich schriftlich zu diesen gesetzeswidrigen, bedrängenden »Pro-Leben«-Beratungen verpflichten – anderenfalls hat das »arbeitsrechtliche Konsequenzen«, was bedeutet: Kündigung.

Nun könnten ungewollt schwangere Frauen ja auf eine Beratung durch die Caritas pfeifen (und sollten dies auch möglichst ab sofort tun!) – aber die Beratung ist Pflicht und die Caritas manchmal die einzige erreichbare Beratungsstelle. Vor allem aber kassiert die katholische Caritas für die Schwangerschaftskonflikt-Beratung Staatsgelder, allein in Brandenburg für vier Beratungsstellen 260000 DM im Jahr – das sind Millionen landesweit. Die brandenburgische Sozialministerin, Regine Hildebrandt, forderte darum die Caritas folgerichtig auf, sich von den gesetzeswidrigen »bischöflichen Richtlinien« zu distanzieren – anderenfalls droht nun sie mit Entzug der Staatsgelder. Bisher allerdings ohne Konsequenz.

Die Caritas redet um den heißen Brei herum und bricht jeden Tag das Gesetz. Und das nicht nur in Brandenburg. Worauf warten die anderen SPD-Länder, von Niedersachsen bis NRW, auch ihrerseits gegen den Skandal vorzugehen?

Ganz dreist ist Bayern, wo die Landesregierung in der Hand katholischer Fundamentalisten zu sein scheint. Das Land Bayern regelte die Sache landesweit und bricht einfach Bundesrecht.

In ganz Bayern, und nicht nur bei der Caritas, müssen Frauen ihre Gründe für eine Abtreibung nennen. Außerdem versuchen die Bayern, mal wieder, die Ärzte unter Druck zu setzen und sie mit einengenden »Ausführungsbestimmungen« zu drangsalieren. Einschüchterung und Terror heißt die Devise.

Gleichzeitig ist der Freistaat Bayern so frei, das von Karlsruhe begleitend zur 218-Reform vorgeschriebene Recht eines jeden deutschen Kindes auf einen Kindergartenplatz, gültig seit dem 1. August 1996, einfach zu kippen. Schutz des »ungeborenen Lebens« Ja, Unterstützung des geborenen Lebens Nein! Vor allem: Wo kämen wir denn hin, wenn so ein Kind einfach in den Kindergarten gehen könnte – da wäre Muttern ja nicht mehr ans Haus gefesselt.

Es stellt sich die dringliche Frage: Richtet bayerisches Gesetz sich nicht mehr nach Bonn, sondern nach Rom?

In den 125 Jahren seiner Existenz hatte der § 218 übrigens immer »nur« eine symbolische Funktion. Abtreibende Frauen wurden nie – und wenn, dann quasi aus

Versehen – wirklich vor Gericht gezerrt oder gar ins Gefängnis geworfen. Das wäre in einem Land, in dem etwa jede zweite Frau abtreibt – dank sexualgewaltigem Herrenrecht und mangelnder weiblicher Selbstbestimmung –, auch gar nicht möglich. Wer, bitteschön, sollte denn die Haus- und Kinderarbeit machen, wenn Mutter sitzt?

Nein, der § 218 hat Frauen noch nie »kriminalisiert« (wie es in einem flotten linken Slogan heißt) –, er hat sie aber immer entmündigt, eingeschüchtert, gedemütigt. Und genau das wollen die Verfechter des Kirchenrechts jetzt fortführen. – Wer gebietet diesen dreisten Rechtsbrechern Einhalt?

Und wenn Sabine 15 ist?
Frauenschändung muß so geächtet werden wie
Kinderschändung!

Am Abend des 13. Oktober kam die Nachricht in der
Tagesschau: Die 14jährige Schülerin Sabine W. aus Le-
verkusen war tot im Gebüsch gefunden worden. Die Ob-
duktion ergab, daß ihr Mörder sie sexuell mißbraucht
hatte. Zu den dürren Worten wurde ein Foto gezeigt: ein
ernstes junges Mädchen sieht einen an.

Wäre Sabine ein paar Monate älter gewesen, wäre ihr
Tod kein Politikum, sondern eine lokale Nachricht, bestenfalls brauchbar für die Boulevardpresse oder die
»bunten Seiten«. Denn dann wäre Sabine nach der juristi-
schen Definition kein »Kind« mehr, sondern eine »Jugendliche«. In der aktuellen Empörung jedoch geht es
bisher ausschließlich um »Kinder« (auch wenn es in 90
Prozent aller Fälle wohl Mädchen sind). Entehrte und ermordete Frauen aber sind (noch?) kein Politikum.

Auch die Empörung über den Übergriff auf Kinder, ob
im Wohnzimmer oder auf der Straße, ließ lange auf sich
warten.

Es dauerte 20 Jahre, bis die von Feministinnen ab Mitte
der 70er gesäte Saat aufging; bis auch andere Stimmen
laut wurden, die von der Menschenwürde der Kinder und
ihrem Recht auf Unversehrtheit sprechen. Was heute als
politischer Skandal empfunden wird, war bis vor kurzem
noch privates Kavaliersdelikt.

Erst jetzt können Eltern in Belgien oder Bayern auf die
Straße gehen. Erst jetzt müssen sie sich nicht länger schämen, Eltern von Opfern zu sein: von geschändeten, zer-
stückelten Kindern. Erst jetzt müssen sich nicht länger die
Opfer schämen – sondern endlich die Täter!

Zu lange währte das mächtige Recht des Vaters. Des

Patriarchen, der über Jahrhunderte und Jahrtausende auf alles Zugriff hatte und hat: auf Materielles wie Lebendes, auf Tiere, Sklaven, Kinder und Frauen. Seelische wie körperliche Vergewaltigung durch den Herrn war unter diesen Umständen eine solche Selbstverständlichkeit, daß der erstaunt den Kopf schüttelte, als Frauen begannen, ihm sein Tun als Unrecht vorzuwerfen. Und es war eine enorme Leistung dieser Frauen, das bis dahin Unsagbare zu benennen, das Abnorme der Normalität zu entlarven.

Die »Banalität des Bösen« hatte blind gemacht. Zu fließend sind die Grenzen vom kleinen Übergriff über die eheliche Nötigung bis hin zur Straßenvergewaltigung und zum Sexualmord. Zu stabil ist das System des patriarchalen Denkens und Fühlens, dessen harter Kern der Sexismus ist.

Das Fundament aller Machtverhältnisse ist immer die (ausgeübte oder drohende) Gewalt. Das ist bei Völkern nicht anders als bei Rassen und Klassen – und zwischen den Geschlechtern. Nur: Die Perfidie bei der Männergewalt ist, daß sie mit Sexualität verknüpft ist – und damit mit Liebe. Denn es ist ja nur im Ausnahmefall der »böse Mann«. Es ist viel häufiger der liebende Vater oder nette Onkel, der eigene Mann oder freundliche Begleiter.

Und wird der Wolf zum Lamm, müssen wir Kinder und Frauen dankbar sein; so dankbar wie der Schwarze dem Antirassisten und der Jude dem Antisemiten. Dankbar für den Verzicht auf Verachtung und Gewalt, dankbar für sein Menschsein.

Der internationale Pornomarkt und die neuen Medien lassen den Kindesmißbrauch boomen. Dieselben Mechanismen tragen zur Eskalation der Sexualgewalt gegen Frauen bei, bisher allerdings folgenlos – sehen wir einmal von der Minderheit unter den Feministinnen ab, die Pornographie und Sexualgewalt bekämpfen.

Mir ist aus den letzten Jahren im deutschen Sprachraum (außerhalb von Emma) nicht eine einzige politische Analyse des Frauenmordes vor Augen gekommen, nicht eine Demonstration vor dem Gerichtssaal eines (gefühlvoll zur Mindeststrafe verurteilten) Frauenmörders, nicht eine Petition beim Bundestag gegen Frauenhaß.

Selbst Frauen, ja sogar so manche Feministinnen, gehen zwar gegen Fremdenhaß auf die Straße – aber nicht gegen Frauenhaß. Geschändete, zerrissene und strangulierte Frauenkörper sind eben immer noch kein Politikum, sondern weiterhin eine Peinlichkeit. Dabei sind es, so zählte Emma, allein in Deutschland Jahr für Jahr mindestens 800 Frauen, die am Frauenhaß sterben. Von den lebenslang seelisch und körperlich Verstümmelten gar nicht zu reden. Zu nah und zu selbstverständlich scheint das Frauen angetane Grauen zu sein, zu entwertet der weibliche Mensch. Denn Menschen tun »so etwas« nicht mit anderen Menschen, sie tun es mit »Untermenschen«. Darum geht der Vernichtung immer die Entwertung voraus – das ist bei Frauen nicht anders als bei Schwarzen oder Juden. Und darum ist der erste Schritt zur Gegenwehr die Würde des Opfers.

Es mußte erst der »Druck von der Straße« kommen, damit Polizei, Justiz und Regierung ankündigen, adäquat handeln zu wollen, zumindest zum Schutz der »Kinder« gegen die »Kinderschänder« (bleibt abzuwarten, ob sie es wirklich tun). Nur: Die 14jährige Sabine W. wäre morgen 15 geworden und übermorgen eine erwachsene Frau.

Und was dann?

Auschwitz lebt
Wir sind die Kinder von Tätern und Opfern

Es war vor einigen Jahren in Krakau. Der polnische Arzt mir gegenüber betreut seit Jahrzehnten Überlebende des nur wenige Kilometer entfernten ehemaligen Konzentrationslagers Auschwitz. Wenn Sie nur aufmerksam hinschauen, sagt er, können Sie sie auf der Straße erkennen, an der Haltung, am Gang, am Blick... Und in der Tat, ich konnte sie nicht länger übersehen. Ihre Kinder und Kindeskinder aber blieben unsichtbar für mich. Dabei sind auch sie tief traumatisiert. So stellte zum Beispiel eine polnische Untersuchung fest, daß eine auffallend hohe Anzahl der Töchter Überlebender aus körperlich nicht erklärbaren Gründen unfruchtbar ist. Ganz wie einst ihre Mütter im KZ bekommen sie keine Kinder. Nur gibt es heute keine äußeren Gründe mehr dafür.

Es war vor zwei Jahren in München. Ich bin eingeladen, den jährlichen Kongreß der jüdischen Jugend in Deutschland zu eröffnen. Rund 400 junge Frauen und Männer sind gekommen, die meisten fröhlich und unternehmungslustig, denn das Treffen ist auch eine gute Gelegenheit zum Kennenlernen. Doch der 29jährigen Esther ist an diesem Abend nicht danach. Bis spät in die Nacht sitzt sie mit mir in der Hotelbar und erzählt: Wie sehr die neudeutsche Entwicklung ihr angst macht, und wie oft sie nachts die Züge rollen hört... Dabei haben ihre Eltern nie ein Wort gesagt von dem, was sie im KZ erdulden mußten.

50 Jahre danach blicken wir zurück. Zehn Jahre danach, in der bleiernen Zeit des deutschen Wirtschaftswunders, waren die Opfer kein Thema. 20 Jahre danach stellten die Kinder der Täter erstmals Fragen – und die Ex-BDM-Mädchen, Ex-Blockwarte und Ex-Soldaten schwiegen, leugneten oder gestanden halbherzig. 30 Jahre da-

nach schwang die deutsche Jugend wieder Fahnen, diesmal rote: gegen den Imperialismus und besonders gerne gegen das »imperialistische Israel«.

In dieser so fixierten und undifferenzierten Israelkritik der 68er Generation West und der Genossen Ost – Erkennungszeichen Palästinensertuch – setzte sich der nie verarbeitete Antisemitismus unbewußt und ungebrochen fort. Als zum Beispiel 1977 die »linken« Kidnapper von Mogadischu – die so die Freilassung der »Gefangenen von Stammheim« erpressen wollten – die Passagiere des gekidnappten Flugzeuges nach »Juden« und »Nicht-Juden« teilten (noch nicht einmal nach Israelis und Nicht-Israelis), da fiel es kaum jemandem auf, daß schon wieder selektiert wurde. Selbst die noch immer eingeschüchterten Opfer schwiegen.

Abgesehen von einigen wenigen, die früh die Kraft hatten, darüber zu schreiben – und die nicht zufällig, wie Jean Améry oder Primo Levi, irgendwann mit der so gegenwärtigen Erinnerung nicht mehr leben konnten – begannen die meisten erst in den 80er Jahren zu reden. Aber auch jetzt sind es nur selten die Überlebenden, die Tag für Tag und Nacht für Nacht mit dem zugefügten Grauen weiterleben, und sind es eher diejenigen, an die es, meist wortlos, weitergegeben worden ist.

Die Erniedrigung des Opfers wird wieder Realität, sobald das Opfer darüber spricht. Das ist das so Unsagbare daran, für Juden wie für Frauen. Wie dieser Erniedrigung ins Gesicht sehen und sie benennen – und dennoch die Kraft und die Würde haben, sie zu überwinden? Das ist die existentielle Frage für alle zum Opfer degradierten Menschen.

Und immer beginnt es damit, daß die Einen – die mit der Macht dazu – die übrigen zu den »Anderen« erklären. Das ist heute nicht anders als früher. Selbst in dem jetzt zelebrierten Rückblick bleiben die als »Juden« Stigmatisierten weiterhin »die Juden« (was immer das von Fall zu Fall für den einzelnen Menschen in Wahrheit bedeuten mag). So schreibt zum Beispiel »Der Spiegel« in seiner Titelgeschichte »50 deutsche Jahre«: »Um die 55 Millionen sind umgebracht worden, darunter etwa 6 Millionen Deutsche, 20 Millionen Russen – und annähernd 6 Millionen Juden.«

Sechs Millionen Juden? Wen meint »Der Spiegel« mit dieser deutschen Rechnung? Die religiösen Juden aus den Ghettos des Ostens? Die Genossen aus der Sowjetunion, die selbst kaum noch wußten, daß sie qua Herkunft jüdisch waren? Oder meint er die eigenen Nachbarn? Die Atheisten, Christen oder Juden deutscher Nationalität, deren Vorfahren jüdische Tradition längst hinter sich gelassen hatten, in dem Glauben, »emanzipiert« und echte Deutsche zu sein – und die erst von den Nazis und ihren »arischen« Mitschreiern wieder zu Juden gestempelt wurden?

Meint das deutsche Herrenblatt es so? Und was meinen eigentlich die Leute, die zu einem in Deutschland geborenen, in den Osten verschleppten, seit 50 Jahren in Frankfurt lebenden und von einer Israel-Reise zurückkommenden Ignatz Bubis gönnerhaft sagen: »Das war bestimmt schön für Sie, mal wieder in Ihrer Heimat zu sein.«

Solange es so ist, daß der »Eine« bestimmt, wer der »Andere« ist, leben nicht nur die Opfer und ihre Kinder, es lebt auch der menschenverachtende Geist. Solange ist Auschwitz nicht Vergangenheit. Auschwitz lebt.

30. April 1995: Ein Besuch in Ravensbrück

Es herrscht sommerliche Hitze. Der Himmel über dem Mecklenburger Luftkurort Fürstenberg ist blau und der vor uns liegende See nicht minder. Es ist das erste schöne Wochenende im Jahr, und die Fürstenberger grillen im Garten. Auch die Familie, in deren Haus wir ein Zimmer genommen haben, grillt, Selbstgeräuchertes. Von meinem Balkon aus habe ich Blick auf den Garten, den vorbeiplätschernden Bach – und auf das Lager. So müssen schon die Eltern unserer gastlichen Vermieter rübergeguckt haben: rüber ins Frauen-KZ Ravensbrück, wo über 100 000 Frauen und ein paar tausend Männer verhungert, zu Tode gequält, erschlagen, erschossen, vergast worden sind.

Das ehemalige Lager liegt nur ein paar hundert Meter entfernt, am Ende des Sees. Genau hier, an diesem Haus, müssen sie immer vorbeigegangen sein: die verhungerten, zerlumpten, entmenschlichten Kolonnen, wenn sie frühmorgens vom Hauptlager zur Zwangsarbeit zogen und abends zurück. Für die Firma Siemens zum Beispiel. »Vernichtung durch Arbeit« lautete die Devise. Und als das nicht schnell genug ging, kamen noch drei Gasöfen dazu.

Ein paar tausend haben die Hölle überlebt, ein paar hundert leben noch, und 180 sind in diesen Apriltagen 1995 gekommen, um den 50. Befreiungstag des Konzentrationslagers Ravensbrück zu begehen, befreit am 30. April 1945 durch die Rote Armee. Die 180 kommen aus allen Teilen der Welt, aus Berlin oder Moskau, Paris oder New York. Die meisten Deutschen und Osteuropäerinnen kehren nicht zum ersten Mal zurück an die Stätte, die bis zur Wiedervereinigung in der DDR lag. Aber die Französinnen und die Frauen aus dem amerikanischen Exil oder aus Israel sehen ihn meist zum ersten Mal wieder, den Ort des Grauens.

Wir, die Fotografin Bettina Flitner und ich, sind am Abend zuvor angereist. Wir wollen bei der für Samstag 11 Uhr von den Ex-Häftlingen angekündigten Pressekonferenz pünktlich sein. Die große Gedenkfeier – zu der auch Ignatz Bubis, Rita Süssmuth und Manfred Stolpe angesagt sind – ist erst für Sonntagvormittag geplant.

Samstag früh machen wir uns zu Fuß auf den Weg Richtung Lager. Wir gehen über die Straße, die von den weiblichen Häftlingen mit bloßen Händen gebaut und gepflastert wurde, und auf der SS-Männer auch schon mal eine Gefangene einfach plattfahren ließen von der Straßenwalze, je nach Laune. Links säumen die ehemaligen SS-Unterkünfte den Weg: freundlich aussehende Zweifamilienhäuser, die von den Häftlingen unter primitivsten Bedingungen gebaut wurden. Die Vorgärten sind mit Asche aus dem Krematorium gedüngt.

An diesem Samstagmorgen, an dem »nur« die »Ravensbrückerinnen« da sind – so nennen die Ex-Häftlinge sich selbst – ist alles ruhig. Die große Hysterie mit Absperrungen und Kontrollen wird erst morgen ausbrechen, wenn die PolitikerInnen, die Medien und Tausende von Besuchern kommen. Der Raum, in dem die Ravensbrückerinnen heute ihre Pressekonferenz anberaumt haben, ist karg und klein. Rund 200 Leute passen rein, und viel mehr sind auch nicht da: vor allem Ex-Häftlinge in Begleitung und ein halbes Dutzend Medien-VertreterInnen (hoch gerechnet).

Die Frauen sind aufgeregt. Auf dem Podium sitzen rechts und links von der Diskussionsleiterin (einer Tochter eines Ex-Häftlings) vier Frauen. Edith Sparmann gesteht beklommen: »Wenn ich darüber spreche, bin ich sofort wieder Häftling. Ich habe das gleiche Gefühl.« Gertrud Müller, 79, liest ihren Beitrag angespannt von einem handgeschriebenen Zettel ab und berichtet, daß eine ehemalige KZ-Inhaftierte 900 DM Entschädigung erhielt und eine ehemalige Wärterin 64000 DM. Empörtes Gemurmel im Saal. Käthe Katzenmeier, heute Schwester Theodolinde, ballt zornig die Faust: »Verzeihen und Versöhnen kenne ich in diesem Zusammenhang nicht! Eine gerechte Strafe ist auch was Gutes. Warum ich noch lebe? Um Ihnen das hier zu sagen!« Ganz rechts außen Elisabeth Jäger, mit 14 die Jüngste im Lager. Sie wirkt am gefaßtesten, schwer vorstellbar, daß sie offen Trauer oder gar Schmerz zeigen würde. Und doch…

Es geht den Frauen auf dem Podium darum, daß nicht vergessen wird, was passieren konnte. Und daß es nie wieder passiert! Und daß das ehemalige Frauen-Konzentrationslager als würdige, eindringliche Gedenkstätte gestaltet und erhalten wird! Und es geht den Frauen im Saal darum, endlich einmal reden zu können.

Trotz der harschen Verwaltung der Veranstaltung wagt Judith Sherman, eine in die USA emigrierte deutsche Jüdin, das Wort zu ergreifen. Sie steht einfach auf und redet. Sagt, daß sie seit 50 Jahren immer daran denkt, Tag für Tag. Sagt, daß sie unter keine Dusche gehen kann, ohne daran zu denken. Sagt, daß sie nichts Gestreiftes mehr anziehen kann. Sagt, daß sie ihren Enkelkindern kein Glas Wasser reichen kann, ohne daran zu denken, wie ihr damals das Wasser in die Waggons gereicht wurde… »Wie soll ich das nur meinen Kindern vermitteln?« fragt Judith und sieht verzweifelt in die Runde.

Da erfaßt es auch die beherrschte Elisabeth Jäger (von der mir meine Nachbarin voller Respekt zugeraunt hatte, die Wienerin sei nie mehr nach Österreich zurückgegangen, sondern habe »den sozialistischen Staat in der DDR mit aufgebaut«). Diesmal spricht Elisabeth Jäger nicht routiniert ins Mikrophon, sondern fast tonlos daran vorbei: »Meine Kinder haben mich nie gefragt«, sagt sie. »Meine Tochter hat immer gesagt: Ich will gar nicht wissen, was du erlebt hast – es drückt mir das Herz ab.« Und dann, nach einer viel zu langen Pause, sagt sie noch diesen Satz: »Man kann nicht miteinander reden – man kann nur miteinander weinen.«

Geweint wurde am Sonntag wenig, geredet dafür um so mehr. Unter noch immer strahlend blauem Himmel erklärte Brandenburgs Ministerpräsident Stolpe, gerade dieses Frauen-KZ sei »in erhöhtem Maße unmenschlich« gewesen (weil Frauen höher stehen als Männer?), aber dennoch habe nichts »das Mütterliche in den Frauen hier töten« können (weil Frauen besser sind als Männer?). Bundestagspräsidentin Süssmuth setzte ihm höflich ihr Wissen um »das Böse an sich im Menschen« entgegen, »egal ob männlich oder weiblich«, und nutzte die Gelegenheit, ein öffentliches Nein zu sagen: »Nein zu einem spaltenden Vergessen.« Und Schwester Theodolinde, die am Tag zuvor noch so überzeugend zornig gewesen war, las ein Lagergebet – und hatte nicht einmal die Gelegenheit zu sagen, daß sie vor 50 Jahren eine von denen gewesen war.

Doch das war am Sonntag. Noch ist Samstag. Auch die so stramm selbstverwaltete Pressekonferenz der Frauen ließ die Frauen kaum zu Wort kommen (»Darum geht es jetzt hier nicht«). Bei Diskussionsbeginn schickte sich die Diskussionsleiterin sogar an, Nummern zu verteilen – was nur durch ein Aufstöhnen aus dem Publikum vereitelt wurde: »Nicht schon wieder Nummern!« Um so größer war das Redebedürfnis der Ravensbrückerinnen nach

der Veranstaltung, im Begegnungszelt mit Imbißtheke, In-
fostand und Suchtafel: Ich suche. Je cherche. I am looking
for. Und immer wieder fallen sich zwei in die Arme. Wie-
dersehen nach 50 Jahren... Dazwischen Töchter und
Söhne und »Betreuerinnen«, meist junge Studentinnen,
die sich anscheinend auch an der Universität mit dieser
Zeit beschäftigen.

Jetzt und hier aber ist »diese Zeit« Gegenwart. Sie sind
nicht tot. Sie leben. 180 Ex-Häftlinge, 180 suchende
Augenpaare, 180 Schicksale. Und 180 mal das Bedürfnis,
es endlich hinauszuschreien! Die Jüngsten sind um 70, die
Ältesten über 80. Und ausnahmslos alle wirken viel, viel
jünger. Sie sind lebendig. Intensiv. Mitreißend.

Da ist Irmgard Konrad, 79, einst interniert als Kommu-
nistin und »Halbjüdin«, jetzt angereist mit Sohn und Tochter aus Dresden, Bruder und Schwägerin aus Frankreich.
Sie sagt: »Auschwitz und Ravensbrück haben mich nicht
soviel gekostet wie das Stern-Tragen zuvor.« Und:
»Ohne meinen Fritz hätte ich das gar nicht durchgehal-
ten.« Ihren Fritz hat sie danach geheiratet. Er war »Arier«
und hat zu ihr gehalten.

Da ist Käthe Katzenmeier, heute Benediktinerschwe-
ster Theodolinde, die als junge Lehrerin von ihrem Direktor denunziert und wegen »defätistischer Äußerungen«
und »Zersetzung weiter Teile der Bevölkerung« zum Tode
verurteilt und nach Ravensbrück verschleppt wurde. »Ich
war froh, im KZ zu sein – da gehörte ich hin!« sagt die
resolute Schwester. Die Zwangsarbeiterin im Siemens-
Block ist noch heute stolz auf ihren Widerstand: »Wir haben sabotiert, das ist doch klar. Elftes Gebot: Du sollst
dich nicht erwischen lassen.« Doch unter dem forschen
Ton ist ein abgründiger Schmerz zu spüren. »Neben mir
ist eine Elfjährige vor Erschöpfung mit dem Kopf auf die
Stanzplatte gefallen – durchgestanzt. Auch ich habe viele

119

Schläge gekriegt, bin gedemütigt und kaputtgemacht worden. Aber ich habe mir gesagt: Die kriegen mich nicht!«

Da ist Nina Lastewskaja, die Journalistin aus Moskau, die als 15jährige im Haushalt einer SS-Familie zwangsarbeiten mußte. »Eine kultivierte Familie, die spielten sogar Klavier. Aber ich habe immer nur geweint, ich wollte nach Hause. Da haben sie mich abholen lassen...«

Da ist Johanna Krause aus Dresden, einst interniert als Jüdin und heute liebevoll begleitet von zwei studentischen Betreuerinnen. Die extravagant gekleidete Johanna sieht aus wie eine Schwester von Else Lasker-Schüler, doch ihre Augen... Über Ravensbrück mag Johanna kaum reden... Die Mutter wurde in Theresienstadt ermordet.

Da ist Schoschanna Platschek aus Stuttgart, gekommen mit ihrer Mutter aus Ungarn, die als Jüdin in Ravensbrück interniert war. Die Mutter wirkt ruhig, die Tochter ist außer sich. »In Stuttgart schicken sie mir anonyme Seifenstücke zu und legen Zettel bei mit der Aufschrift: Das ist deine Zukunft.«

Da ist Ilse Stephan, weder Jüdin noch im Widerstand. Die Frau aus Löningen, die in jedem Supermarkt nebenan in der Schlange stehen könnte, hat sich 1944 ganz einfach geweigert, in einer Munitionsfabrik zu arbeiten. Ab nach Ravensbrück.

Da ist Jacqueline Pery, die in der Résistance gekämpft hat. Die Pariserin trägt ein elegantes Seidenkleid und dezenten Schmuck, darunter zeichnet sich ein Körper ab, der heute so ausgemergelt ist wie einst. Für Bettina Flitner, die sie nach einem längeren Gespräch auf dem Lagergelände porträtiert, posiert sie würdevoll – und währenddessen strömen ihr plötzlich die Tränen übers Gesicht. Tonlos.

Und da ist Sinaida Shidko, die Rotarmistin. Wir unterhalten uns lange und herzlich, in welcher Sprache auch immer. Sinaida trägt ein offenes, selbstbewußtes Lächeln, weißes Haar, ein schwarzes Kostüm, und die Brust über und über mit Orden bedeckt. Die russische Krankenschwester war ab März 1943 der Häftling Nummer 18593. Sie gehörte zu denen, die wenige Wochen vor der Befreiung auf den berüchtigten Todesmarsch geschickt wurden, den nur wenige überlebten. Sinaida legt den Arm um mich und besteht darauf, daß wir zusammen fotografiert werden. Dann tauschen wir Adressen aus. Es werden überhaupt viele Adressen ausgetauscht in diesen Tagen.

Viele der Frauen kennen sich. Bei der Begrüßung sagen sie sich als erstes ihre Nummer – die auf den Arm tätowierte Erkennungsmarke der Nazis, bei vielen auch heute sichtbar. »Wir Ravensbrückerinnen« sagen sie, als seien seither nur ein paar Tage vergangen und nicht 50 Jahre. Ravensbrück überschattet alles, was vorher war – und was danach kam.

Nach intensiven Stunden im Begegnungszelt schwirrt uns der Kopf. Wir gehen raus, Richtung Lager. Denn alle Orte, an denen wir uns bisher aufgehalten hatten, lagen noch vor der Mauer. Das eigentliche Lager steht nicht mehr. Das Tor ist weg, die Baracken sind eingerissen. Aber der Todesgang, in dem die Menschen erschossen wurden, ist noch da. Auch der Appellplatz. Und die staubige Erde, auf die so viele Tränen und so viel Blut geflossen sind.

Es wird immer heißer. Unter ein paar schiefen Bäumen am Rand des alten Appellplatzes sitzt eine Gruppe von Polinnen, erkennbar an den polnischen Farben ihrer Halstücher. Sie hocken auf Klappstühlen und schwatzen. Als wir dazutreten, stocken sie – aber dann beginnen sie zu erzählen: Wir sind nicht zum erstenmal da. Am Anfang haben wir nur geweint, aber jetzt... Am schlimmsten waren die Winter, nichts zu essen und nur Frost. »Ich«, sagt Sofia Jagielska, »ich habe erst gepflastert und dann pelzgefütterte Uniformen für die SS genäht. Selbst bin ich fast erfroren.« Die Frau neben Sofia sagt lange nichts. Sie läßt den Blick über das Gelände schweifen. Und dann spricht sie wie in Trance: »Ihr seid keine Menschen... Ihr seid Mistviecher...« In Polen treffen sich die Frauen regelmäßig im »Club Ravensbrück«.

Wir gehen weiter und treffen zwei Frauen aus Israel. Die eine schweigt. Die andere redet ohne Unterlaß: »Ich sehe das alles vor meinen Augen... Da war unsere Baracke. Und hier der Appellplatz. Und da...« Wir hören zu. Irgendwann öffnet auch die eine zögernd die Lippen: »Sie redet und redet«, sagt sie, mehr vor sich hin als zu uns. »Aber ich will nicht reden. Sonst kommen wieder die Träume, die ganze Nacht.«

Das Gelände ist leer. Nur vereinzelt gehen Frauen durch den Staub, meist Arm in Arm. Zwei Ravensbrückerinnen. Mutter und Tochter. Ein Ex-Häftling mit Betreuerin. Oder auch eine Frau allein, unerträglich allein.

Am nächsten Tag drängen sich Tausende auf dem Gelände (darunter wohl Gabriele Goettle, von der noch die Rede sein wird). Eine Tribüne ist aufgebaut, Hunderte Stühle sind aufgestellt, Fotoapparate klicken, Kameras surren. Ich sitze neben der Moskauer Journalistin von gestern, hinter mir eine Gruppe Französinnen. Auf der Tribüne wird Deutsch gesprochen. Meine gewisperten Übersetzungen werden durch ein harsches »Ruhe!« gemaßregelt.

Auch 50 Jahre danach herrschen im Lager und um das Lager herum deutsche Ruhe und deutsche Ordnung. Alles ist abgesperrt. Polizisten mit Wachhunden. Kreisende

Hubschrauber. Eine Frauen-Soli-Gruppe, angereist aus Wuppertal, wird gar nicht erst reingelassen.

Beim Verlassen des Lagergeländes spricht mich ein älterer Mann an. Er stellt sich vor: Werner Köpke aus Fürstenberg. Fürstenberg? Ich zucke zusammen. Aber nein – auch er war im Lager. Zunächst als Lehrling, der mit Zwangsarbeitern arbeiten mußte. Dann als Häftling. Grund: der damals 17jährige hatte Mitleid gehabt. Er hatte den Zwangsarbeitern schon mal was zu essen zugesteckt oder einen Brief rausgeschmuggelt. Seither ist Werner Köpke zu 80 % Invalide und hat ein Loch in der Lunge. Über die Zeit im Lager will er nicht sprechen. »Das Schlimmste waren die Verhöre…« Und die anderen Fürstenberger? »Naja…«, sagt Werner Köpke. Doch immerhin: Inzwischen gibt es einen »Fürstenberger Förderverein«, der sich für die noch Lebenden und den Erhalt der Gedenkstätte einsetzt.

Die Lokalpresse hatte bereits im Vorfeld der Gedenktage breit berichtet, der »Oranienburger Generalanzeiger« sogar eine Sonderausgabe gemacht. Da sind die überregionalen Medien zurückhaltender. Den Abend-TV-Nachrichten ist die Gedenkfeier in dem einzigen Frauen-KZ gerade mal einen Halbsatz wert. Immerhin die taz bringt zwei volle Seiten, aber was für Seiten… Titel: »Begangenheitsverwältigung« – und ähnlich schnieke ist auch der Text.

taz-Reporterin Gabriele Goettle hatte offensichtlich am Sonntag ein paar selektive Blicke aufs Geschehen geworfen. Gesehen hatte sie dabei vor allem spießig Deutschtümelndes sowie ein paar »wohlsituiert erscheinende Französinnen« neben »bitterarm, gebrechlich wirkenden Ukrainerinnen« (Die SS machte diese Klassenunterschiede nicht: für sie waren alle Untermenschen). Gesprochen hatte die Berichterstatterin nicht mit einer einzigen der 180 Ex-Häftlinge – dafür aber mit interessanten Männern in Begleitung von Romani Rose (dem Vorsitzenden des Zentralrates der Sinti und Roma). Über Spalten notierte Gabriele Goettle eifrig, was die Herren im Frauen-KZ zu sagen hatten, zum Beispiel dies: »Wir als Minderheit, wir haben keine mächtigen Männer, so wie die Juden, keinen Reichtum. Und einen Staat haben wir auch nicht, der für uns verhandelt.«

»Mächtige Männer«, »Reichtum« und »einen Staat« haben auch nicht alle Juden, auch wenn das antisemitische Klischee es gerne so darstellt. Und Frauen haben all das schon gar nicht. Dafür haben sie einen zusätzlichen Makel: ihr Frausein. Frauen sind eben nicht ernst zu nehmen, schon gar nicht als Opfer, noch nicht einmal als KZ-Opfer. Wenn überhaupt, sind Frauen höchstens als Täterinnen erwähnenswert, bzw. als »Mittäterinnen«, wie es im Szene-Diskurs so schön heißt. Und in der Tat fällt in den zwölf taz-Spalten über das Frauen-Konzentrationslager Ravensbrück ganz am Schluß nur ein einziger Frauenname: der der Ravensbrücker KZ-Aufseherin Margot Kunz, die 1947 zu 25 Jahren Haft verurteilt und 1956 begnadigt worden war.

Nach der so wortgewandten Gedächtnis-Veranstaltung gehen die Ravensbrückerinnen an den See, meist wortlos. Es ist zur Tradition geworden, daß sie Blumen für die Toten ins Wasser werfen. Ganz vorne, auf einer kleinen Landzunge, singt eine Gruppe israelischer Frauen und Männer hebräische Siegeslieder, angefeuert von einem die israelische Fahne schwenkenden jungen Mann (wenig später sehe ich denselben jungen Mann allein am See und mit abgewandtem Gesicht still weinen). Am Ufer sitzt mit derselben würdigen Schönheit wie gestern Sinaida Shidko und schaut ins Wasser. Und Irmgard Konrad gestikuliert am Denkmal mit Tochter und Sohn.

Am Fuße des Mahnmals türmen sich Kränze aus aller Welt. Einer sticht mit seinen zarten weiß-lila Blüten besonders hervor: Er ist »Den lesbischen Opfern des Nationalsozialismus« gewidmet, niedergelegt von einem aus Berlin angereisten »Bündnis lesbischer Frauen«. Homosexuelle Frauen waren in Ravensbrück nicht als solche interniert, sondern als »Kriminelle«, wegen angeblicher »Nötigung zur Unzucht« oder »Prostitution«. Sie waren als »Asoziale« besonders geächtet – gleichzeitig aber »verbreitete sich die lesbische Liebe wie eine Epidemie«, wie es in einer der Erinnerungen heißt. An diesem Tag aber löst die Hommage an die lesbischen Frauen kein Befremden, sondern nur zustimmendes Kopfnicken aus, vor allem bei den Ex-Häftlingen.

In dem Moment kommt aufgeregt Fotografin Flitner auf mich zugelaufen. Sie hat sich mit einem deutschen Kollegen gestritten, der sie bei seinem Kampf um die beste »Schußposition« von hinten gestoßen und gerempelt hat. Ganz plötzlich fängt auch sie an zu weinen. Es ist einfach zuviel. Zuviel für uns beide.

Langsam gehen wir Richtung Ausgang. Von weitem winkt uns Sinaida zu. Und Irmgard ruft: »Meldet euch wieder. Und – vergeßt uns nicht!« Wie sollten wir.

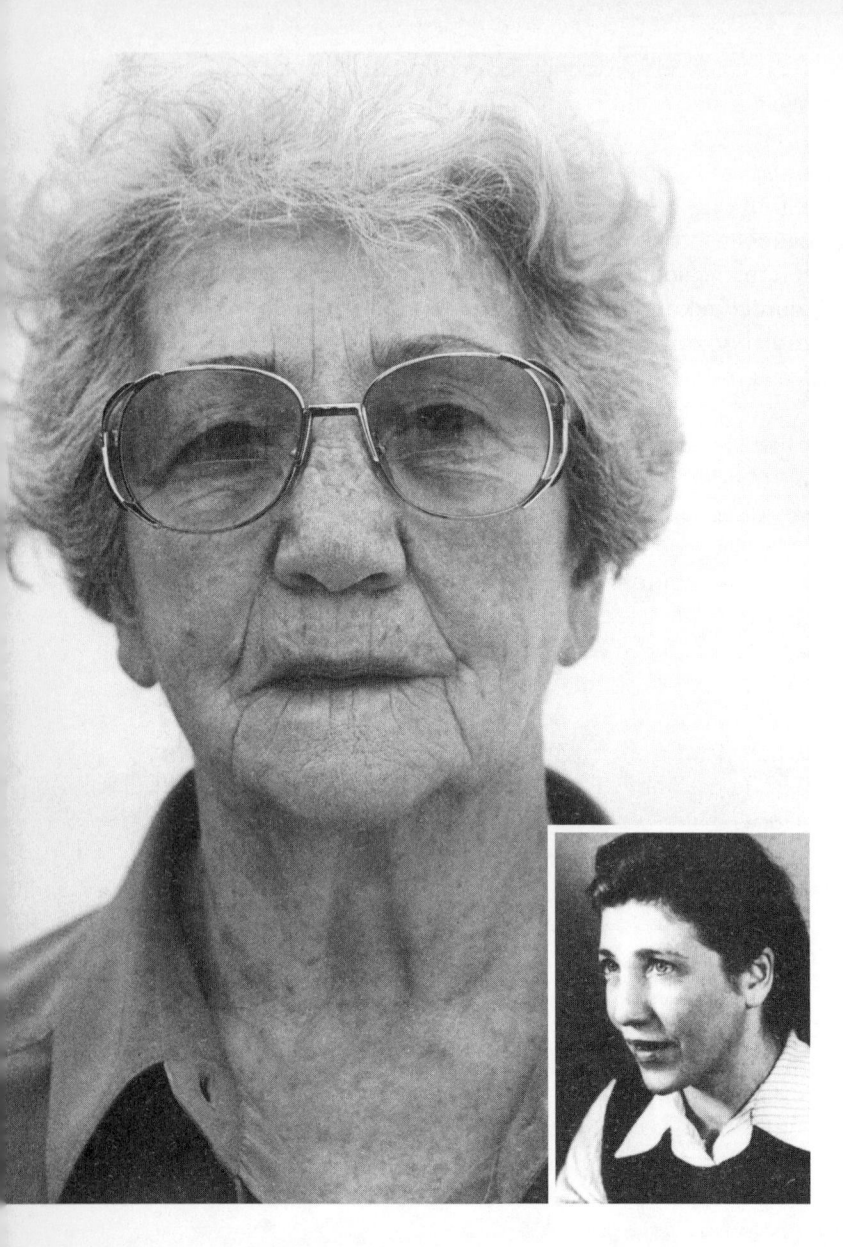

Die Überlebende: Das Schlimmste war der Stern

Aus der Ferne scheint sie die Lebenslustigste und Energievollste. Entschlossen, zu sagen, was war. Aufzuklären. Zu warnen. Damit es nie mehr passiert! Irmgard Konrad, geborene Adam, 79, (Photo links) ist eine der 180 Häftlinge, die in diesen Tagen an den Ort des Unvorstellbaren zurückgekehrt sind. Für sie ist es nicht das erste Mal. Irmgard gehört zur »Lagergemeinschaft Ravensbrück«, deren Aktive sich regelmäßig treffen, um wider das Vergessen der anderen und den eigenen Schmerz anzugehen. Und um für den Erhalt von Ravensbrück zu kämpfen: als Ort der Besinnung und der Mahnung.

Aus der Nähe sieht sie schon anders aus. »Wenn ich darüber spreche«, sagt Irmgard, und ihr Mund zuckt leicht, »dann bin ich sofort wieder der Häftling von einst. Ich habe das gleiche Gefühl, innerlich.« Und während sie das sagt, schaut sie rüber zum Lager. Es kostet Häftling Nr. 23196 auch 50 Jahre danach immer wieder Überwindung, den blutigen Boden zu betreten. Heute begleiten sie Sohn und Tochter. »Ich«, sagt Irmgard Konrad stolz, »habe meine Kinder kaum damit belästigt. Sie sollten in mir nicht das Opfer sehen.«

Irmgard ist in Breslau geboren. Der Vater war Mechaniker und die Mutter ein Dienstmädchen, das aus Liebe zu ihrem Mann zum jüdischen Glauben übertrat. In der Rassenterminologie der Nazis waren Irmgard und ihre drei Brüder also »Halbjuden«.

In Auschwitz aber wurde Irmgard als »Politische« geführt. Denn das Herz der fünf Adam-Kinder und frühen Halbwaisen schlug links. Und das Engagement bei den »Genossen« war selbstverständlich für das junge Mädchen. Bei denen hat sie dann auch ihren Fritz kennengelernt: »Ohne meinen Fritz hätte ich die Stern-Zeit nicht überlebt.«

Die »Stern-Zeit«, das war die Zeit, in der Irmgard der gelbe Stern angeheftet wurde. »Auschwitz und Ravensbrück haben mich nicht soviel gekostet wie der Stern«, sagt sie. Der wird der fassungslosen Irmgard 1941 verpaßt. Die Arbeit wird ihr gekündigt, und »Fritz konnte nur noch nachts zu mir kommen«. Als es mal gar nicht weitergeht und selbst die tapfere Irmgard »bitterlich weinen« muß, da sagt der Fritz zu ihr: »Mädel, ich trag' den Stern mit.« Das half. Zumindest eine Zeitlang.

Fritz taucht unter, wird geschnappt, kommt ins Zuchthaus und wird in das Strafbataillon 999 abgeschoben, quasi ein Todesurteil. Irmgard kommt nach Auschwitz und wird Häftling Nr. 31514. Später, viel später, schreibt sie über ihr Leben als Nummer: »Ich war nicht mehr ich. Ich habe alles mit wachen Sinnen erlebt, aber mein früheres Leben war weg. Fritz vergessen, die Familie vergessen. Es zählte nur noch der Tag, der nächste Moment...«

1943 kommt Irmgard im »Mischlingstransport« nach Ravensbrück, zur Zwangsarbeit bei Siemens. »Es war die Hölle«, sagt sie. »Und am schlimmsten war es für die Frauen, wenn keine Politische dabei war – sie konnten sich dann kaum wehren.« Daß Irmgard so eine »Politische« war und sich nie aufs »Jüdischsein« reduzieren ließ, das hat ihr die Kraft gegeben, zu überleben. Zwei Konzentrationslager, Demütigung, Hunger, Typhus, Folter und zu guter Letzt noch der »Todesmarsch« – das alles hat sie überstanden, weil sie wußte, daß die anderen unrecht haben. Und daß es zu Ende sein wird, eines Tages. – Heute, 50 Jahre nach der Befreiung des Lagers Ravensbrück, steht sie da, die Überlebende: als diejenige, die recht behalten und über ihre Henker triumphiert hat.

Im ersten Stock der ehemaligen Lagerkommandantur ist das Gedränge groß: Da ist das einstige Lagerleben dokumentiert, mit Fotos, Briefen und Gegenständen aus

128

dem Lageralltag. Irmgard beugt sich tief über den Aus-
stellungskasten. Aufgeregt winkt sie ihre, längst erwachsenen, Kinder und Bruder mit Schwägerin heran: »Seht
mal, da...« Da liegt tatsächlich das winzige Heft, in das
ihr die Frauen französische Lieder gekritzelt hatten. Und
gleich daneben ein kleiner Krug, den die »Genossinnen«
Irmgard zum Geburtstag geschenkt hatten. Am 14. November 1944.

Im nächsten Gang ist eine ganze Ausstellungswand
dem Leben von Irmgard Konrad, geborene Adam, gewidmet. Einer von 27 exemplarischen Lebensläufen ehe-
maliger »Ravensbrückerinnen« in der Dauerausstellung,
mit liebevoll ausgewählten Fotos und präzisen Texten
(die Lebensläufe sind auch als Buch erschienen).

Fritz hat übrigens überlebt. Irmgards Geschichte hatte
also ein Happy-End. Wenn auch ein Happy-End voller
Wehmut und Trauer.

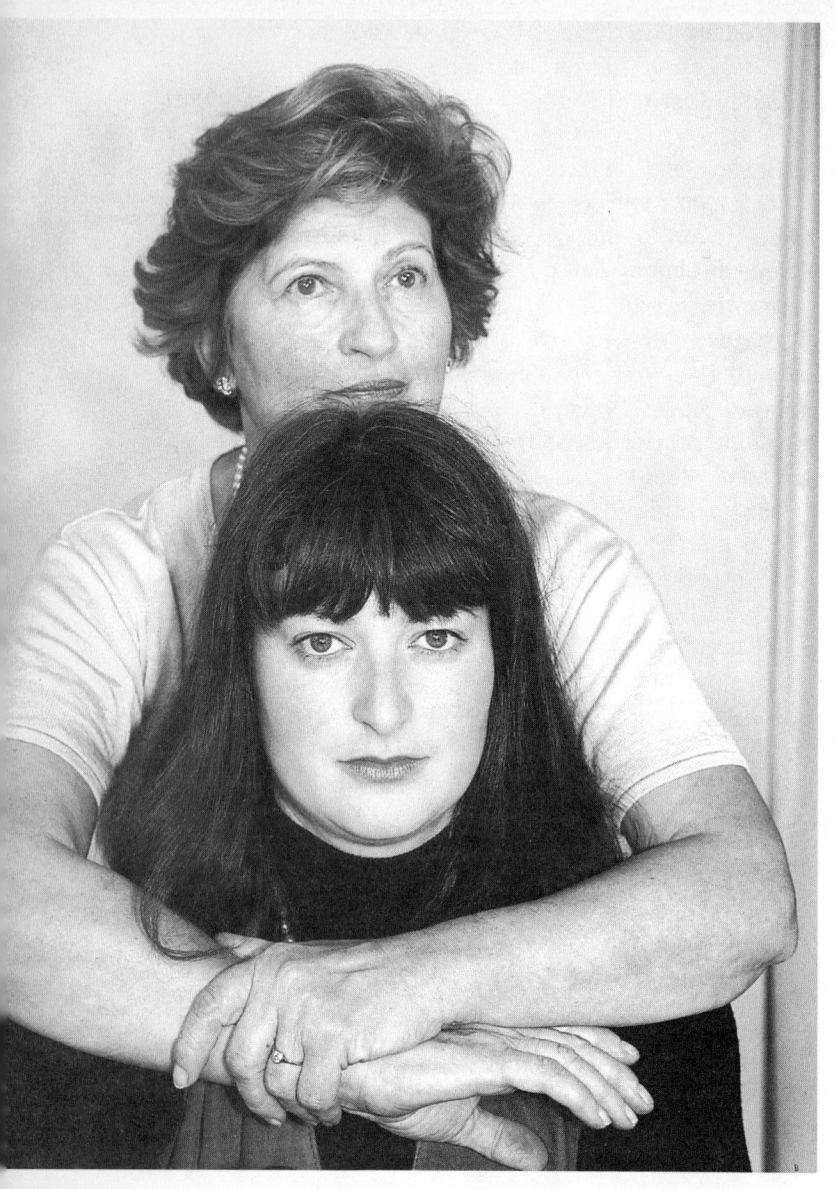

Mutter und Tochter: Leben nach Auschwitz

Mutter und Tochter empfangen mich in ihrer gemeinsamen Wohnung, in Frankfurt. Demnächst wird die Tochter ausziehen, sie heiratet. Die Wohnung ist gediegen bürgerlich, und ihre Bewohnerinnen scheinen zwei lebensfrohe Frauen zu sein. Die Mutter ist 63, die Tochter 31, der Vater vor einiger Zeit gestorben. Tochter Anita, Kürschnermeisterin wie der Vater, der Kürschnermeister, hat den Laden übernommen. Den lerne ich am nächsten Tag kennen: ein Verkaufsraum so heimelig wie eine Wohnstube, dahinter die Werkstatt, in der die Mutter, gelernte Schneiderin, jetzt der Tochter hilft (heutzutage wird hier auch Leder verarbeitet oder phantasievolle Kreationen mit Stoff). Vor einiger Zeit pappten Tierrechtler bei der jungen Kürschnermeisterin einen Aufkleber an die Tür: »Feuer und Flamme für alle Pelzgeschäfte!« Anita verfolgte der Satz noch lange...

Schon als kleines Mädchen, »ich muß so fünf oder sechs gewesen sein«, hatte die 1964 geborene zweite Tochter von Eva und Andor Diamant einen Alptraum. Er kehrte immer wieder: Anita sah ihre Großmutter und ihren Onkel, ein kleiner Junge, in der Gaskammer. »Ich hatte damals noch nie eine Gaskammer gesehen, aber ich hatte ein ganz genaues Bild davon. Und das kehrte immer wieder. Ich habe mir ganz genau vorgestellt, wie sie vergast worden sind...«

Manchmal, wenn Anita in einer Menschenmenge ist oder die Bahn steckenbleibt – dann überfällt sie die Angst. »Oft braucht es nur einen kleinen Anlaß, und ich weine los. Ich weine überhaupt viel. Die Tränen sind ganz nah. Ich bin irgendwie sehr dünnhäutig. Und hellhörig.«

Die junge Frau mit dem leichten Frankfurter Dialekt lacht gerne, ganz wie die Mutter, und scheint überhaupt

131

ein vitaler Typ. Doch als sie damals, mit 15, mit der Jugend-
gruppe in Israel war und in den Todeslisten der Gedenkstätte Yad Vashem den seltenen ungarischen Namen ihres
Vater entdeckte, Andor – da fiel Anita einfach um. »Da
habe ich begriffen, daß es auch mein Vater hätte sein können. Es ist ja ein Wunder, daß beide überlebt haben.«

Ja, es ist ein Wunder. Der Vater war im russischen Arbeitslager und kam halbverhungert zurück. Die Mutter
war in Auschwitz. Und überlebte.

Gesprochen hat Eva Diamant 50 Jahre lang kaum darüber. Zumindest nicht mit den Kindern. »Erst jetzt, seit dem
Anruf, seit wir da waren...« Der Anruf kam aus Los Angeles. Mitarbeiterinnen des Memory-Projektes von Steven
Spielberg (der Regisseur von »Schindlers Liste« und
»E.T.«), das sich die Dokumentation der Leiden aller noch
lebenden KZ-Häftlinge zum Ziel gesetzt hat, riefen in
Frankfurt an. Ob Frau Diamant zum 50. Jahrestag der Befreiung am 27. Januar in Auschwitz sei? Ob sie bereit sei,
zwei Stunden lang Zeugnis abzulegen vor einer Video-
kamera? Und ob sie Fotos mitbringen könne?

Zunächst erschrak Eva Diamant »ganz furchtbar«. Aber
dann stand für sie fest: »Ich will hinfahren!« Zum ersten
Mal. Wieder riefen die aus Los Angeles an. Eine Jugend-
gruppe der Frankfurter Jüdischen Gemeinde fahre hin, ob
Frau Diamant nicht mit denen...? Eva Diamant flog nach
Polen, zusammen mit ihren Töchtern Anita und Judith,
einem zweiten Überlebenden aus Israel und rund 30 Jugendlichen.

An dem Abend, bevor sie ins Lager fuhren (»Mit dem Bus
über die Schienen«), übernachteten sie in Krakau. »Wir
haben uns spät noch alle getroffen, in einem winzigen Hotelzimmer«, erinnert sich Tochter Anita. »Und da hat der
Leiter der Gruppe, Benny Bloch, auf einmal zu meiner
ganz unvorbereiteten Mutter gesagt: ›Erzählen Sie doch

mal, was Sie erlebt haben.‹ Und Mutti hat angefangen zu reden. Wie in Trance… Auch wir, ihre Töchter, hatten das noch nie so gehört.« Und noch etwas sagt Tochter Anita, nämlich: »Ich habe gedacht, mein Herz zerplatzt.«

Das Schrecklichste war für Anita etwas, das nicht in Auschwitz, sondern davor passiert ist. Es ist auch das erste, was Eva Diamant mir an diesem Abend erzählt.

Das zwölfjährige Mädchen aus Budapest war von ihrer Mutter in der Tschechoslowakei versteckt worden. Nach einer langen Odyssee wurde die kleine Eva im Herbst 1944 aufgegriffen und in ein jüdisches Altersheim verschleppt, von wo die letzten Transporte nach Auschwitz gingen. Eva Diamant erzählt, als sei es gestern gewesen: »Ein ungarischer Mann war für die Abtransporte verantwortlich und stellte die Listen zusammen. Zu mir war er immer sehr nett, hat mich gefragt, ob ich kochen kann, hat Witze mit mir gemacht. Bis zum letzten Tag hat er meinen Namen nicht auf die Liste gesetzt, aber dann… Da habe ich zu ihm gesagt: Onkel Velitja, Sie haben mir doch versprochen, daß Sie mich nicht wegschicken. Und er hat mich beruhigt, hat mir gesagt: Wo wir hingehen, ist die ungarische Grenze, und ich sorge dafür, daß du wieder zu Deinen Eltern kommst. Da wußte ich noch nicht, daß meine Eltern längst tot waren, ich habe es geglaubt. Dann wurden wir einwaggoniert. Im Waggon nach Auschwitz saßen drei Soldaten, er und ich. Ich mit meinem kleinen Rucksack zu seinen Füßen. Es war Nacht. Auf einmal habe ich an meiner Hand etwas Kaltes gespürt. Er wollte, daß ich mit ihm spiele… Ich habe immer wieder meine Hand zurückgezogen, aber er hat sie immer wieder zu sich genommen. Ich hatte so eine Angst. Einerseits dachte ich, er will mir helfen; andererseits habe ich die Hand immer wieder weggezogen… Auf einmal blieb der Waggon stehen. Die Tür ging auf, ruckartig. Da habe ich gesehen, wie er seinen schweren Mantel über sich geworfen hat. Dann ging es weiter. Es hat die ganze Nacht gedauert. Ich dachte, es nimmt kein Ende... Als wir angekommen sind in Birkenau, da hat man uns aus dem Wagen gestoßen. Ich habe gesagt: Onkel Velitja, Sie wollten das doch erledigen, daß ich nach Hause komme. Da hat er mich beruhigt: Geh nur rein, ich erledige alles. Da bin ich gegangen... Ins Lager.«

Dem einst so behüteten kleinen Mädchen mit den schönen dicken Zöpfen (»Die hat mir meine Mutti jeden Morgen geflochten«) werden die Zöpfe abgeschnitten und die Nummer A 26877 auf den Unterarm gebrannt. Eva bleibt drei Monate lang im Vernichtungslager Birkenau, einem Nebenlager von Auschwitz. Allein. Andere Kinder sind kaum noch da. Dr. Mengele hat die Selektion eingestellt. Die Gaskammern sind bereits gesprengt. Die Ratten verlassen das sinkende Schiff. Das Grauen geht dem Ende zu.

Am 18. Januar 1945 werden alle Häftlinge, die noch laufen können, auf den berüchtigten »Todesmarsch« geschickt. Nur die Todkranken und ein paar Kinder bleiben zurück, darunter Eva. Bis heute kann sie sich nicht an die letzten zehn Tage erinnern (in denen es in dem kaum beschreibbaren Elend bei klirrender Kälte keinen Strom, kein Wasser, ja nicht einmal mehr die Wassersuppe gab und sich die Leichenberge türmten). Bis heute erinnert sie sich nicht. Eva Diamant: »Seit ich dort war, empfinde ich das als Problem. Ich suche und suche nach diesen zehn Tagen, die ich verloren habe.«

»Das ist vermutlich deine Rettung, daß du das vergessen hast«, wirft Tochter Anita beruhigend dazwischen. »Eine Art Schutzwall, der dich vor dem Verrücktwerden oder dem Selbstmord bewahrt hat.«

Das erste, woran das Mädchen Eva sich wieder erinnert, ist ein Lächeln. »Das Lächeln eines russischen Soldaten, der in der Türe der Baracke stand.« 27. Januar 1945. Die Rote Armee befreit Auschwitz. Nur noch wenige hundert Häftlinge leben, die meisten sterben in den Tagen nach der Befreiung. Eva lebt.

Das Mädchen macht sich auf den Weg nach Budapest, durch den Winter, zu Fuß, in Lumpen, ohne Essen. Als sie nach Monaten ankommt, erfährt sie, daß alle tot sind. Alle. Mutter, Vater, Bruder, Verwandte. Die Nachbarin, bei der die Möbel der flüchtenden Familie untergestellt worden waren, will von nichts mehr wissen. Sie behauptet, die Mutter habe alles verkauft – und rückt selbst die Familien-Fotos erst nach Wochen raus. Nur noch ein Onkel und eine Tante sind da. Sie nehmen das Kind ohne Kindheit auf.

Während Mutter Eva erzählt – von der Kindheit, vom Lager, der Flucht nach Deutschland nach dem ungarischen Aufstand 1956, vom Leben heute – ruht die ganze Zeit ein liebevoll-besorgter Blick auf ihr: der ihrer Tochter Anita. Die junge Frau läßt die Mutter keinen Augenblick aus den Augen. Stockt sie, hilft sie weiter; ist sie den Tränen nahe, lächelt sie beruhigend; sagt die Tochter etwas über die Mutter, was diese als kritisch verstehen könnte, flicht sie ein beruhigendes »Ich mein' das nicht bös, Mutti« ein. Wer ist hier die Tochter, wer die Mutter?

»In den drei Tagen Auschwitz haben wir mehr von dir erfahren als im ganzen Leben, Mutti«, sagt die Tochter und lächelt. Erst in Auschwitz haben die Töchter begriffen, wie schockierend es für die Mutter gewesen sein muß, als ihr die Zöpfe abgeschnitten wurden. »Die gehörten doch zu mir. Und die hat man mir einfach genommen.« Kaum auszuhalten war auch für die Töchter, als die Mutter in Auschwitz auf der Mahntafel der Baracke ihren Namen entdeckte: Eva Diamant.

»Es war hart in Auschwitz«, sagt Eva Diamant. »Aber es war gut, daß wir da waren. Seither habe ich begriffffen, woher meine Depressionen kommen... Seit ich dort war, ist alles aufgegangen. Jetzt will ich mich erinnern! Aber ich frage mich auch: Wieso habe ausgerechnet ich das Privileg, daß ich leben darf, und die anderen nicht? Meine ganze Familie, meine Mutter, mein Bruder...« Und, nach einer kleinen Pause, fügt die sanfte Eva Diamant fast wütend hinzu: »Wie kann es überhaupt Neonazis geben, die sagen, Auschwitz sei eine Lüge? Wir leben doch noch!«

Wenn früher in der Schule ein Kind über seine »Alte« schimpfte, dann zuckte Tochter Anita schmerzlich zusammen. »Ich konnte gar nicht begreifen, wie jemand über seine Mutter so böse reden kann.« Eine Mutter, die so Böses erlebt hat, darf eben einfach nie mehr verletzt werden, selbst nicht von einer aufbegehrenden Tochter. Anita, die Zweitgeborene, hat weniger abgekriegt als die erste, der bis zum siebten Lebensjahr sogar verschwiegen wurde, daß sie Jüdin ist. »Ich hatte Angst. Meinem Kind sollte niemand wehtun«, erklärt die Mutter. Mit der Jüngeren wird mehr geredet, die Schwester spricht mit ihr, der Vater. Sie kommt in einen jüdischen Kindergarten. Anita: »Bei mir wußte immer jeder, daß ich Jüdin bin. Ich habe das immer gleich gesagt – dann wußte auch ich, woran ich war. Ich versuche immer aufzuklären: damit es nichts Fremdes mehr ist. So erkläre ich mir, daß die anderen auch offen mit mir sind.«

Beide, weder Mutter noch Tochter, haben im Deutschland nach 45 persönlich etwas direkt Antisemitisches erlebt. Aber die Angst ist da, in der Mutter wie in der Tochter. Die heute 31jährige Anita: »Es war immer da.«

Seit der Fahrt nach Auschwitz ist Anita, die »nie fromm war«, entschlossen, ihre Kinder »in der jüdischen Tradition« zu erziehen. »Schon meinen Großeltern zuliebe, de-

nen ich mich in Auschwitz so nah gefühlt habe.« Und noch
etwas ist der Frankfurterin in Auschwitz klargeworden:
»Wie wichtig es ist, daß ich das weitergebe.«

Zwei Wochen nach unserem Gespräch hat Anita geheiratet. »Einen nichtjüdischen Mann«, wie sie sagt. Und was
sagt die Mutter dazu? »Nun, wir haben uns natürlich gefragt: Was ist mit der Familie? Aber es sind liebe und an-
ständige Menschen. Und das ist, was zählt.«

Die 2. Generation:
Es hat mich nie jemand gefragt

»Der ewige Jude, das bin ich. Der kahlgeschorene Häftling auf dem Weg in die Gaskammer, der Geschundene und ins Ghetto Gepferchte, der kleine Warschauer Junge, der den deutschen Maschinenpistolen entgegentritt mit unglaublich ernstem und würdigem Blick, das alles bin ich. Ich, der in den Folterkammern der Inquisition Gequälte; ich, der blutüberströmte Rabbiner nach einem Pogrom; ich, der auf die Teufelsinsel verbannte Hauptmann Dreyfus.«

Alain Finkelkraut

Diese – durchaus auch selbstironisch gemeinten – Worte des französischen »ewigen Juden« Finkelkraut stellte die deutsche Jüdin Toni (Photo links) vor ihre Diplomarbeit über »Selbstkonzepte jüdischer und nichtjüdischer Studenten«. Und sie fügte hinzu: »Das ist der Roman, in dem ich aufwuchs.« Am Beispiel von je 55 Befragten beider Seiten erforschte die Frankfurterin das Selbstverständnis und Selbstbewußtsein jüdischer Jugendlicher in Relation zu nichtjüdischen.

»Ich hatte das Bedürfnis«, sagt sie, »meine eigene Geschichte aufzuarbeiten, mehr zu erfahren.« Am Ende ihrer fundierten Arbeit schreibt die junge Psychologin: »Persönlich löste die intensive Beschäftigung mit der Geschichte, die auch meine ist, tiefste Betroffenheit über das unvorstellbare Ausmaß des Grauens bei mir aus.« Und sie gesteht: »Dies macht es mir zwischendurch unmöglich, an dem Thema weiterzuarbeiten.«

Heute, fünf Jahre danach, sitzt Toni vor mir: klug, beherrscht, vernünftig. Doch mit dem Kopf allein läßt sich Leid und Erniedrigung nicht begreifen – und schon gar nicht verarbeiten... Getroffen haben wir uns in den Räumen der Erziehungsberatung der Jüdischen Gemeinde, im zweiten Stock der (erhalten gebliebenen) Synagoge im Westend. Toni arbeitet hier als Erziehungsberaterin.

Kennengelernt hatten wir uns auf dem »Jahreskongreß der jüdischen Jugend in Deutschland« 1993 in München. Ich war eingeladen, das Eröffnungsreferat zu halten, und hatte als Thema die heutige Beziehung zwischen jüdischen und nichtjüdischen Deutschen gewählt sowie die Parallelen zwischen Antisemitismus und Sexismus. Toni war damals eine von rund 400 jungen Juden und Jüdinnen, die zuhörten und anschließend leidenschaftlich diskutierten. Nachts um zwei, als schon alle im Bett waren, saßen wir drei noch immer in der Hotelbar und redeten: Toni, ihre Freundin und ich.

Toni lebt heute in Frankfurt. Ihre Eltern haben wunderbarerweise beide die rumänischen Arbeitslager überlebt und zogen 1945 nach Israel. Dort aber fiel ihnen nicht nur das Hebräisch schwer. Sie fühlten sich fremd und gingen nach Deutschland, »da sprach man einfach die Sprache, die sie am besten konnten«. Die kleine Toni war damals fünf und fand das gar nicht lustig. »Es war so kalt hier.«

In der Diplomarbeit resümiert das Kind Überlebender den wissenschaftlichen Erkenntnisstand zur seelischen und körperlichen Verfassung all derer, die den KZs entrinnen konnten, und ihrer Kinder und Kindeskinder. Sie schildert das sogenannte »Überlebenssyndrom«, das die Opfer dieses »Seelenmordes« verfolgt, Tag und Nacht. Sie beschreibt den Verlust des »Urvertrauens« in diese Welt und das ständige Sich-fürchten-müssen, begleitet von Herzklopfen, Händezittern und Schwäche. Und sie fragt: »Welche Auswirkungen haben die Erinnerungen und Leiden der Eltern auf die psychische Entwicklung ihrer Kinder?«

Diese Kinder, die Eltern haben, die selber Schutz und Hilfe brauchen und so manches Mal zu Kindern ihrer Kinder werden. Eltern, die in großer Angst sind um ihre Kinder und sie schützen wollen, im Übermaß. Eltern, denen ihr Leben gestohlen wurde, und die sich ein zweites (Aus)-Leben durch ihre Kinder erhoffen. Eltern, die als »teilnahmslos und kalt« empfunden werden, weil sie all ihre Kraft zum eigenen Weiterleben brauchen. Eltern, die die Erniedrigung nie wirklich überwinden konnten. Eltern, denen soviel angetan wurde, daß das Kind es nie wagen würde, widerspenstig oder gar garstig mit ihnen zu sein...

Wer verachtet wird, verachtet sich selbst. Das kennen wir von uns Frauen, und das ist bei Juden nicht anders. Diese Selbstverachtung setzt sich in den Kindern fort. In Kindern, die auch noch im Land der Täter leben. Es ist also nicht überraschend, wenn die junge Psychologin bei ihrer Untersuchung eine »geringere Selbstachtung« bei jüdischen StudentInnen feststellt als bei nichtjüdischen. Auffallend: In rein jüdischen Zusammenhängen steigt das Selbstbewußtsein. Hier sind jüdische Menschen endlich einmal nicht mehr »die Anderen«, sondern machen selbst das Gesetz.

Das ist wohl auch der Grund, warum eine Toni, die sich selbst als »nicht unbedingt gläubig« bezeichnet, sich enger an die Jüdische Gemeinde anschloß und sogar einen jüdischen Studentenverband gegründet hat. Hier muß sie sich wenigstens nicht so Grobheiten anhören wie »draußen«, aus dem Munde von Franziska van Almsick zum Beispiel.

Über die ist Toni richtig empört! »Als sie zur Rede gestellt wurde wegen ihrer Hitler-Sprüche, da hat sie doch tatsächlich gesagt, Hitler sei doch eine Person der Geschichte, und sie würde überhaupt nicht verstehen, weshalb es jetzt so ein Theater gäbe. Sie interessiere sich eben für Geschichte, und damit müßte man doch jetzt wieder freier umgehen können. Die Probleme, die es mal gegeben hätte, die seien schließlich längst abgehakt...«

Abgehakt. Das hat das junge Sportidol wirklich gesagt. Und das erbost die Tochter zweier Holocaust-Überlebender am meisten. Abgehakt! Wie Toni sich erklärt, daß die 17jährige Almsick das so sagen kann? »Na ja, die ist eben in einem Land zur Schule gegangen, das traditionell antiisraelisch eingestellt war. Gleichzeitig gab es in der DDR kaum noch lebende Juden. Die Almsick hat also vermutlich Israel mit Juden gleichgesetzt. Außerdem wollen viele junge Menschen nichts zu tun haben mit den dunklen Seiten der Geschichte. Hä, schon wieder Nationalsozialismus, man kann's bald nicht mehr hören... Da wird verdrängt. Sonst müßte man sich ja auch fragen: Was hat eigentlich meine eigene Familie gemacht?!«

Und während die einen immer dickfelliger werden, werden die anderen dünnhäutiger. »Wenn ich zum Beispiel das Modewort ›abartig‹ höre«, sagt Toni, »da sträuben sich mir die Nackenhaare. Da denke ich gleich ›entartet‹. Mit der Parole wurden vor nicht so langer Zeit noch Leute verfolgt und Bücher und Bilder verbrannt.«

Auch Toni spricht, wie alle, mit denen ich in diesen Monaten rede, vom geschärften Blick und von der großen Sensibilität. Offenen Antisemitismus hat sie noch nie erlebt in Deutschland. »Vor allem, wenn sie wissen, daß ich Jüdin bin«, spottet Toni. »Dann kommt ihnen kein falsches Wort über die Lippen. Immer wenn ich nachhake, haben die Leute Menschen versteckt und waren sowieso alle dagegen. Ich habe in Deutschland noch nie jemanden getroffen, der gesagt hat: Ich habe die NSDAP gewählt. Oder: Ich bin verführt worden, tut mir leid. Oder gar: Ich denke heute noch so. Nö, das waren alles Widerstandskämpfer.«

Und während Toni draußen das beflissen »tolerante« und »saubere« Deutschland begegnet, herrschen drinnen die Erinnerungen. Das lastende Schweigen der Mutter. Die »Abenteuergeschichten« des Vaters, der sich vor den Nazis verstecken und flüchten mußte. Wie die Eltern mit der Demütigung fertiggeworden sind? »Darüber haben sie nie ein Wort verloren.«

Der Vater, der vor einigen Jahren gestorben ist, wäre eigentlich lieber nach Amerika gegangen. Doch die Mutter wollte nach Deutschland. Dennoch ist Israel ihre »Heimat« geblieben. Und die Tochter, die noch mit der Mutter zusammenwohnt? »Gute Frage«, sagt sie. »Ich fühle mich hier schon zu Hause – aber von Heimat zu sprechen, das wäre zuviel. Im Grunde genommen würde ich mich als Europäerin verstehen wollen – und Israel dazurechnen.« Nur auf internationalen jüdischen Treffen, unter Studenten zum Beispiel, ist Tonis Nationalität ein klarer Fall: in den Augen der ausländischen Juden ist sie allemal deutsch, typisch deutsch.

Im Frankfurter Gymnasium wiederum war Toni immer die Jüdin, wenn auch die freundlich »tolerierte« Jüdin. »Daß ich Jüdin bin, war für niemanden ein Problem. Wir hatten auch einen Moslem in der Klasse. Aber wenn das Thema auf Nationalsozialismus kam, war immer ich dran. Weil ich was wußte, was die anderen nicht wußten...«

In den zwei, drei Stunden, die wir zusammensitzen, landen wir immer wieder bei der Frage nach dem Verhalten der Nichtjuden in diesem Land, in dem es vor einem halben Jahrhundert noch tödlich war, Jude zu sein. Und Toni antwortet stereotyp, es sei »eigentlich okay«, ihr habe noch nie jemand etwas getan, und sie würde wirklich »toleriert«.

Doch genügt das? Genügt es, daß die (potentiellen) TäterInnen und ihre Kinder »tolerant« sind mit den Opfern und deren Kindern? Genügt es, daß wir 50 Jahre danach so tun, als sei nichts gewesen?

Toni scheint zunächst nicht zu verstehen, was ich meine. Allmählich aber spüre ich, daß sie es eigentlich weiß, es aber nicht sagen will. Ist das ihr schmerzliches Geheimnis? Ich frage direkt: »Was erwarten Sie von Menschen, die Ihnen nahe sind?« Und Toni antwortet so direkt, wie ich sie gefragt habe: »Eigentlich nichts mehr. Also von nichtjüdischer Seite nichts mehr.«

Und dann bricht es aus ihr heraus: »Für mich war immer klar, daß ich das Land verlassen muß, wenn das hier mal wieder nach rechts abdriftet. Früher haben meine Freundinnen und Freunde genauso geredet, haben gesagt, dann würde ich sofort nach Kanada oder Australien gehen. Heute, wo sie älter und gesettelter sind, habe ich das Gefühl: Außer mir würde keiner gehen. Die müßten ja auch nicht gehen. Die könnten sich arrangieren.«

Toni rührt in ihrem kalt gewordenen Kaffee. »Sicher, solange die Verhältnisse liberal sind, ist alles bestens. Aber sobald es sich verschärft, kann ich nicht mehr auf die Leute bauen. Ich glaube auch nicht, daß ich durch meine Freundschaft etwas bewirkt habe. Ich glaube nicht, daß sie aufstehen und wirklich etwas tun würden.«

Und die Menschen, die ihr ganz nahe sind? Da antwortet Toni ganz ruhig: »Ich bin auch von meinen besten nichtjüdischen Freunden in Deutschland noch nie nach meiner Geschichte gefragt worden. Die wollen das einfach nicht wissen.«

Plötzlich hören wir draußen Töne, deutsche Töne. Marschschritte, skandierte Parolen und Megaphone. Wir treten ans Fenster der Synagoge und schauen hinunter auf die Straße. Jugendliche und ihre Lehrer mit Transparenten. »50 Jahre Hiroshima« steht da drauf. Der Trupp bleibt vor der Synagoge stehen und beginnt, durch die Megaphone zu rufen.

Ich glaube, in diesem Augenblick beschleicht uns beide so was wie Angst. Dabei ist es so gut gemeint.

KUNST ODER PORNOGRAPHIE?

Eine Analyse der Bilder von Helmut Newton

Ihr sollt euch kein Bild von mir machen. – Der alttestamentarische Gott erließ nicht zufällig dieses Gebot. Er wußte, daß, wer sich ein Bild vom anderen macht, sein Bild dem/der anderen überstülpt. In der Geschichte der Menschheit haben Bilder zweifellos das Bild vom Menschen stärker geprägt als Worte. Und wir leben in einer Zeit, in der die Macht des Bildes erneut zunimmt.

Gerade Frauen können ein Lied davon singen. Gerade sie sind tausendfach fixiert in Werbung, Medien, Film und Kunst: als Hure oder Heilige, als Körper ohne Kopf, als Objekt, das benutzt oder zerstört werden kann – ganz nach Lust und Laune des Betrachters. Es gehört zum Backlash, daß das »starke Geschlecht« die Definitionsmacht über das »schwache Geschlecht« nutzt, bis zum Anschlag. Diese Bildermacht ist so allgegenwärtig, daß viele sie noch nicht einmal mehr als solche wahrnehmen.

Eine Reaktion darauf ist die andauernde Empörung über das Frauenbild der Werbung. Ach, wenn es nur das wäre... Längst hat die Bilder-Propaganda vom Untermenschentum der Frauen ihren Triumphzug durch Medien und Kunst angetreten. Im Namen der sogenannten »Meinungsfreiheit« oder »Freiheit der Kunst« ist alles möglich – mit Frauen sogar das, was, würde es Ausländer oder Juden treffen, längst Gegenstand öffentlicher Empörung und staatlicher Verbote wäre.

Der Tat geht der Gedanke voraus. Bevor man es tut mit dem/der anderen, führt man ihn oder sie in der Phantasie vor: als solche, mit denen man es machen kann und denen es nur recht geschieht. Das war in der jüngeren deutschen Vergangenheit nicht anders. Die viehischen Transporte jüdischer Menschen an die Stätten ihrer seriellen Vernichtung waren ja nicht nur Resultat eines seit Jahrhunderten verwurzelten Antisemitismus. Sie wurden auch gezielt vorbereitet von einer mit allen Mitteln der Kunst betriebenen Wort- und Bild-Propaganda gegen »den jüdischen Untermenschen«: So sieht einer / eine aus, den / die ihr anspucken, vertreiben, töten dürft…

Der 1920 in Berlin geborene Großbürgersohn Helmut Newton hatte einen jüdischen Vater. Seine von ihm verehrte Fotolehrerin Yva wurde in Auschwitz ermordet. Er selbst flüchtete rechtzeitig nach Australien. Doch das Herrenmenschentum nahm er mit, in ihm lebt es weiter. Seine Phantasiewelt ist bevölkert von Tätern in Uniform oder Nadelstreifen und Opfern, deren besondere Anziehung meist darauf basiert, daß sie stark sind und erst noch gebrochen werden müssen: hochgewachsene blonde Gretchen, glänzende schwarze Sklavinnen und lüsterne Herrinnen, die ihren Herrn suchen.

Das Phänomen Newton wäre nicht denkbar ohne die Frauenbewegung. Er liefert einer verunsicherten, irritierten Männerwelt den neu geschärften Blick auf die erstarkenden Frauen. Solchen, denen die Herren es schon zeigen werden, und die heimlich davon träumen, es gezeigt zu kriegen. Bis Mitte der 70er war Newton ein Fotograf wie viele. Dann wurde er plötzlich berühmt. Der Zeitpunkt – wenige Jahre nach dem Aufbruch der Frauen – ist kein Zufall.

Helmut Newton ist als Mann und Jude potentieller Täter und potentielles Opfer zugleich. Er hat sich entschieden. Er hat sich auf die Täterseite geschlagen. Zumindest in seinen Phantasien. Würden seine sado-masochistischen Phantasmen ihn nur in dunklen Träumen beschäftigen, so wäre das traurig und ein Fall für den Analytiker.

Aber Newton veröffentlicht und verkauft seine Phantasmen. Und er macht Schule damit. Er prägt den Blick von Millionen. Aus dem Modefotografen ist ein politischer Fotograf geworden: Newton liefert Propagandamaterial für den Geschlechterkrieg. Jahr für Jahr höher dosiert.

»Ich bin Feminist«, sagt Newton – wohl wissend, daß die Vereinnahmung des Feminismus und die Verkehrung der Werte ein zentrales Element der modernen Pornographie ist. Eine schwache Frau unterwerfen – wie uninteressant. Eine starke Frau brechen – echt scharf. Seit Röhls »konkret« Anfang der 70er gehört die Mischung aus Objektfrau und Feminismus auch in Deutschland zur Hausmannskost des Pornographen (ihre dunkle Kehrseite ist die Pädophilie).

Und das sind ihre Ingredienzien: »Newtons Ideen sind aufwendige Ideen: sie erfordern edelstes Rohmaterial«, prahlt das Vorwort zu »White Women«. Und für den Modeschöpfer Karl Lagerfeld sind die Newton-Models schlicht »Nordfleisch« (zu diesem Titel inspirierte ihn die Neonreklame eines Hamburger Kühlhauses). Er rühmt in seinem Vorwort zu »Big Nudes« Newtons »Liebe für blasses Fleisch« und hat recht damit: Nichts scheint Newton so anzumachen wie der erkaltete Frauenkörper, die weibliche Leiche. Aber zuvor darf sie getötet werden. Und zum Frauenfoltern und -schlachten liefert der Zeremonienmeister des Sadomasochismus den Stoff, aus dem die Träume, die Begierden – und die Taten sind.

Ich analysiere hier vor allem Newtons Produktion aus den 80er und 90er Jahren, vorher ging's harmloser zu. Da ist Newtons Frauenbild: Von der nackten Herrin mit Fetisch Stöckelschuh über die glänzende Sklavin in Ketten bis hin zum viehisch vorgeführten Objekt. Den bloß stöckelnden Frauen in dem so assoziationsreichen Kellergewölbe gibt der Fotograf den Titel »Arbeitende Frauen«.

Für ihn arbeitet sein »Rohmaterial« umsonst. Newton, der nach eigenen Angaben 100 000 Dollar am Tag verdient, zufrieden: »Die Models könnte ich gar nicht bezahlen.« Zum Lohn erhalten sie ein vom Meister signiertes Abbild ihrer Erniedrigung. – Übrigens: Die nackte Grace Jones in Ketten war es, die 1978 die legendäre »Stern«-Klage auslöste, in der Emma zusammen mit anderen Frauen den »stern« wegen seinen »frauenerniedrigenden Titelbildern« verklagte.

Es folgen Newtons Arrangements. Die Inszenierung »Frau und Hund«, die 1981 mit Raquel Welch so scheinbar harmlos begann und heute eines der Lieblingssujets von Newton ist, bringt er 1984 auf den Punkt: Die Frau liegt mit gespreizten Beinen, roten Fußnägeln, Stöckelschuhen und Folterbändern aus Leder und Stahl an Arm- und Fußfesseln auf dem Rücken – sichtbar überwältigt von der Dogge über ihr, deren kraftvoll-aggressive Bewegung eindeutig ist. Titel: »Siegfried« (sic). Übrigens: Die Vergewaltigung von Frauen durch dafür eigens abgerichtete Schäferhunde und Doggen ist in modernen Diktaturen eine klassische Foltermethode.

Ersparen möchte ich mir an dieser Stelle die »lesbischen« und pädophilen Phantasien von Newton (auch letztere widerspruchslos publiziert!). Ersparen würde ich mir am liebsten alles, denn keines seiner Bilder ist das Produkt eines Besessenen, der einen gemarterten Blick in die eigenen Abgründe wagt. Newtons Bilder beunruhigen nicht, sie bestätigen – die bestehenden Verhältnisse in einer Welt der Gewalt, der Folter, der Kriege. Newtons Bilder stellen keineswegs »produktive Fragen«, sie geben glatte Antworten. Newtons Bilder sind kühl kalkulierte Hochglanzprodukte für einen expandierenden Sadomaso-Markt und regen zur forschen Nachahmung an, zumindest die Täter – und vielleicht auch so manches

150

Opfer, das glaubt, nur als solches »begehrenswert« zu sein.

Die Bilderpaare in »Archives de nuit« wurden von Newton so arrangiert – mit Hilfe seiner Frau June, die unter dem Namen Alice Springs selbst fotografiert: Sie zeichnet verantwortlich für »Konzeption und Realisation« seiner jüngsten Publikation. Das Buch wird vom Verlag mit den anzüglichen Worten »erotisch abgründig und bedeutungsdunkel« angekündigt. In der Tat, dunkel und bodenlos geht es da zu. Da paart Newton Herrn M. in betonierter Herrschaftsarchitektur mit Madame O. in der Wildnis. Er kombiniert die bloßgelegte, sezierte Frau mit dem sich verschließenden, gepanzerten Mann. Er stellt neben die ewig Nackte auf der Folterstreckbank den Jäger mit seiner (Frauen)Beute. Er wirft neben den erlegten Berglöwen im Müll die Aufgebahrte. Kommentarlos. Denn diese Bilder brauchen keine Worte.

Das geht zu weit? I wo. Newton ist steigerungsfähig. Immer wieder spielt er auf »11 000 Kontaktbögen« an, die noch in seiner tiefsten Schublade liegen... Er ist unstreitig führend in der Porno-Avantgarde. Wenn Pornographie die Verknüpfung von Lust mit Herrschaft und Gewalt ist, dann ist Newton der Hohepriester der Pornographen. Er ist ihr Schrittmacher. Denn wenige sind so begabt, so raffiniert, so kalt wie er. Und so zu allem bereit.

Eines seiner Bildpaare zeigt eine blondbezopfte KZ-Wärterin und eine dunkel geschorene KZ-Insassin, er macht beide gleichzeitig zum Opfer seiner Begierde. Und dann der – vorläufige – Höhepunkt der Newtonschen Pornographie: Die »Young Women Suspended« auf Seite 48. Ihr gegenüber, Seite 49, der »Birch tree«, ein Birkenwald. Die junge Frau hat, wie üblich, einen perfektmodischen Körper, sie ist gefesselt und aufgehängt und trägt, wie üblich, Stöckelschuhe (das unentbehrliche Signal für weibliche Hilflosigkeit: Diese Frau kann nicht weglaufen, noch nicht einmal vor Newtons Phantasien).

Die Frau hängt gekreuzigt inmitten einer seelen- und menschenlosen Welt aus Beton und Stahl. Sie blickt auf den Wald. Auf den Wald von Birkenau bei Auschwitz. Auf den Wald, der – spätestens seit Landmanns »Shoah« – seine Unschuld verloren hat. Oder blickt sie auf den Wald bei Los Angeles oder Wien oder Hamburg, wo der Körper aller young and old women verscharrt wird? Danach.

Auf die Frage, was er vom »Rechtsradikalismus in Deutschland« halte, antwortete Helmut Newton jüngst: »Schrecklich!« Und auf die Frage, was er gerne ändern würde, wenn er könnte: »Die Grausamkeit von Menschen an Menschen.«

Der Mann verdient es, beim Wort genommen zu werden.

Eine Anlayse der Bilder von Bettina Rheims

Ihr erstes Buch hieß »Latin lover« und kokettierte mit pädophiler Androgynität. Ihr zweites Buch heißt »Chambre close« und die Anspielung ist eindeutig: maison close, geschlossenes Haus, nennen die Franzosen ein Bordell. In ihre »geschlossenen Zimmer«, Hotelzimmer in Paris, holte die Fotografin angeblich »fremde Frauen von der Straße«. Ein Teil dieser Fotos wurde jetzt auf der Frankfurter Ausstellung »Das Bild des Körpers« gezeigt, und der Katalog des Kunstvereins zitiert dazu einen Text von ihr:

»Chambre close war eine ambivalente Erfahrung für mich. Es handelte sich darum, unbekannte junge Frauen in diese anonymen Hotelzimmer zu locken, um sie in Situationen, die von mir befohlen wurden, zu fotografieren. Widersprüchlichkeit einer Situation, in der ich die Kundin dieser Unbekannten war, die mir ihre Nacktheit enthüllen würden – mir, die ich von einer ungeheuren Kraft und Entschlossenheit beseelt war, sie nackt zu sehen (...) Meine Arbeit zeigt, gegen meinen Willen, deutlich den brutalen, königlichen und besessenen Charakter meines Begehrens.«

Soweit die Selbstdarstellung. Realität ist: Die Werbefotografin Rheims streunte nicht entfesselt auf Frauenjagd, sondern produzierte eine professionell kalkulierte Inszenierung. Darum dankt sie im Anhang ihres Buches Dutzenden von MitarbeiterInnen, darunter »Thierry Kauffmann, der assistierte; Christophe Boulze, der die Räumlichkeiten fand; Greshka, die sich um das Makeup der Modelle kümmerte; Loic Berthezene, der beim Casting mithalf; Arylene Gars-Chambas, die beim Styling mitwirkte...« etc. etc.

Der Frankfurter Katalog übersetzte den Rheims-Text

wohlweislich nicht, denn er gefällt sich in einer pseudo-intellektuellen Verklärung eines schlichten Sachverhaltes: Die Fotografin Bettina Rheims schlüpfte für »Chambre close« in die Rolle des Freiers und bugsierte angeblich »unbekannte junge Frauen von der Straße« in den Part der Hure (in Wahrheit wurden vermutlich Models »gecasted« und bezahlt).

Ein Arrangement, das nicht sehr originell ist in einer von Herren und ihren SklavInnen zersetzten Welt. Das einzig Originelle daran: Der Freier ist eine Frau. Und die, inzwischen alarmierten, Objekte mißtrauen einer Frau heutzutage eben weniger als einem Mann. Für sie ziehen sie sich noch gerne aus – angeblich sogar umsonst, wie Bettina Rheims behauptet (und damit den Newton-Mythos von dem Objekt, das es für den Herrn nicht nur gerne sondern auch gratis tut, bedient).

Das Ex-Model Rheims hat vermutlich nie umsonst posiert. Und seit ihrem Rollenwechsel kassiert sie vielstellige Summen für die Abbildung ihrer Models, ganz wie ihre männlichen Vorbilder. Mit Kunst haben diese Produkte nichts zu tun – im Gegenteil. Denn Kunst öffnet die Augen. Die Bilder der Rheims und Newtons aber verkleistern den Blick.

Rheims spielt mit dem Kick der Pseudo-Emanzipation, indem sie ihren Einbruch in die Männerdomäne Pornographie als unerhörten Akt der Befreiung verkauft. Unerhört ist ihr Schritt in der Tat – zumindest für die Handelnde. Für die Behandelten aber macht es keinen Unterschied, ob sie von einem Mann oder einer Frau vermarktet werden.

In dieser Welt der allgemeinen Pornographisierung und der eskalierenden Reize wollte nun auch der Frankfurter Kunstverein nicht hintan stehen: Er nahm das krudeste Rheims-Foto nicht nur auf den Titel des Katalogs, sondern plakatierte auch noch damit (bezahlt hat das der »Deutsche Städtetag«). Die werbend verbreitete Abbildung zeigt die maskenhafte Darstellung einer Frau, ausgestattet mit den klassischen Fetischen pornographischer Klischees. Auf die sich regende BürgerInnen-Kritik wußte der Kunstverein-Direktor Weiermair nichts Bigotteres zu erwidern als: Dies sei keinesfalls Pornographie, sondern die »positive, ästhetische, selbstbewußte und erotische Selbstinszenierung einer Frau«.

Rheims' Fotos eine Selbstinszenierung? Das würde Madame Bettina sich aber verbitten. Das Ex-Model gratuliert sich herzlich, die Seite gewechselt zu haben, und prahlt damit, seit Jahrzehnten Pornographie zu sammeln. Ihre Sammlung scheint sie gut zu kennen, denn alle ihre Fotos sind tausendfache Déjà-vus, und gern klaut sie auch ganz direkt.

So bei dem früh gestorbenen Franzosen Jean Marc Reiser. Der in Frankreich berühmte und breit rezipierte Karikaturist zeigt auf einer seiner bekanntesten Zeichnungen eine Frau, die in einem menschenleeren Gang inmitten ihrer Blutlache liegt. In ihrem Bauch steckt ein riesiges Messer, in ihrer Hand hält sie einen Lippenstift. Sterbend schminkt sich die Frau ein letztes Mal im Spiegelbild der Messerscheide. – Bei der Fotografin Rheims wird daraus eine junge Beauty, die sich in schwarzen Dessous auf einem Bett und mit gesenkten Lidern wollüstig die halboffenen Lippen schminkt.

Rheims mystifiziert und reproduziert lebensgefährliche »Weiblichkeit«. Reiser entlarvt »weibliche« Koketterie als tödlich. Sie macht Pornographie. Er macht Kunst.

Der Name Bettina Rheims steht heute, von »stern« bis »taz«, für die »neue Lust« der »neuen Frauen«. Neu daran aber ist nur eines: daß eine Frau einen »Männerblick« auf andere Frauen richtet – und damit beweist, was konsequente Feministinnen schon immer gesagt haben. Machotum ist keine Frage des biologischen Geschlechts, sondern eine Frage der Machtverhältnisse und Skrupellosigkeit. Das gilt für eine Bettina Rheims in Paris nicht anders als für eine Teresa Orlowski in Hannover oder eine »blutige Brigyda« in Majdanek.

Menschenverachtung bleibt Menschenverachtung und Pornographie bleibt Pornographie. Egal, ob sie von Männern oder Frauen produziert wird. Da gibt es nur einen ganz kleinen Unterschied: Die Pornographen wissen, was sie tun. Aber wissen auch die Pornographinnen, was sie tun? Und wie sicher sind sie eigentlich, daß die Verhältnisse sie selbst niemals mehr auf die andere Seite zwingen werden? Auf die des degradierten Objektes.

DIE AFFÄRE SCHIMMEL

Ein offener Brief an die Friedenspreiskandidatin

Sehr geehrte Frau Schimmel,

Sie veröffentlichen regelmäßig in der von der iranischen Botschaft in Bonn seit 1988 herausgegebenen Vierteljahreszeitschrift »Spektrum Iran«. Aus einem Interview von 1993 geht hervor, wie einig Sie sich mit den Herausgebern darin sind, daß dem, was deutsche Journalisten so über den Iran »verbrechen und fabrizieren«, dringend etwas entgegengestellt werden müsse. Als Sie jüngst von einer zehntägigen Vortragsreise durch die Ayatollah-Diktatur zurückkehrten, hatten Sie entsprechend nur Bestes zu berichten. Auf die sanft verwunderte Frage der Interviewerin, Sabine Christiansen, entgegneten Sie milde lächelnd, Sie seien »noch nie diskriminiert worden«. Das ist schön für Sie. Aber wie steht es mit den anderen?

Der Iran ist nicht irgendein Land. Der Iran ist, seit der Machtübernahme Khomeinis 1979, die ideologische und strategische Schaltzentrale eines fundamentalistischen Kreuzzuges: vom Nahen Orient über den Nahen Osten bis hin nach Schwarz- und Nordafrika. Für diesen Fundamentalismus sind die Worte des Koran Gesetz, und sein Ziel ist die Abschaffung der Demokratien und Etablierung des »Gottesstaates« auf Erden. Er ist nicht identisch mit dem Islam, wie Sie nur zu gut wissen. Der Islam ist eine Religion und der Fundamentalismus eine politische Ideologie.

Seine Strategie ist die von Zuckerbrot und Peitsche. Der Fundamentalismus gibt nicht nur arbeitslosen Analphabeten in den armen Ländern Selbstbewußtsein, sondern

161

auch verunsicherten westlichen Intellektuellen Halt, die nach dem Zusammenbruch des Sozialismus nach einem neuen Glauben suchen.

Mit ihren Petro-Dollars unterwandern die Fundamentalisten seit Jahren systematisch die Sozial- und Bildungssysteme und mehren die Koranschulen nicht nur in islamischen Ländern. In Algerien zum Beispiel wird Eltern, die ihre Mädchen verschleiert zur Schule schicken, Geld dafür gegeben... Längst sind auch die Moscheen in fundamentalistischer Hand zu Hochburgen der politischen Hetze verkommen – im fernen Orient wie hierzulande.

Hinzu kommt der nur scheinbar willkürliche, psychische und physische Terror. Gerade diese Willkür macht, daß alle Angst haben: nicht nur die in täglicher Todesgefahr schwebenden aufgeklärten Muslime, sondern auch unter Psychoterror leidende deutsche Universitätsprofessoren, die mich inständig baten, ihre Namen nicht zu nennen. Sie haben Angst, den islamischen Fundamentalismus zu kritisieren, weil sie sonst des »Rassismus« bezichtigt, boykottiert und malträtiert werden.

Das alles wollen Sie nicht wissen, Frau Schimmel. Sie, die deutsche Professorin, die sich in die islamische Mystik versenkt und so einen hübschen Schleier auf dem Haar trägt, verschließen selbst beim Besuch der totalitären Diktaturen die Augen. Sie wollen die Verzweiflung der unterm Zwangsschleier begrabenen und entrechteten Frauen so wenig sehen wie den todesmutigen Widerstand aller aufgeklärten Muslime für das Recht auf individuelle Freiheit, vom Iran bis Algerien.

Sie, Frau Schimmel, haben nie etwas gesehen. Nicht als Übersetzerin Anfang der 40er Jahre im Auswärtigen Amt und nicht als Gastreferentin in den 90er Jahren im Iran. Lassen Sie mich also erzählen, was ich gesehen habe.

Zum Beispiel 1979 in Teheran, in den Tagen vom 19. bis

zum 21. März. Damals, sechs Wochen nach dem Sturz des Schahs und der Machtergreifung Khomeinis, war ich mit 14 weiteren europäischen Journalistinnen und Autorinnen Hals über Kopf in den Iran gereist, gerufen von verzweifelten Iranerinnen. Die waren gut genug gewesen, für die Freiheit zu sterben – aber nicht gut genug, in Freiheit zu leben.

In diesen drei so lehrreichen Tagen, in denen wir Gast des iranischen Regimes waren, sprach ich mit Gegnerinnen, aber auch mit vielen Anhängerinnen und Anhängern der neuen, so blutig erkämpften Ordnung. Noch ein halbes Jahr zuvor, an dem berüchtigten »Schwarzen Freitag«, waren 4000 SchahgegnerInnen auf der Straße erschossen worden, darunter 700 Frauen. Jetzt paradierten die neuen Machthaber: übermütige junge Männer mit Blumen im Gewehrlauf, aus dem Exil zurückgekehrte Intellektuelle und bärtige Mullahs und Ayatollahs auf der einen Seite – auf der anderen verschleierte Frauen, die ebenfalls im Exil studiert oder im Untergrund mit der Waffe unterm Schleier gekämpft hatten. So manche, die noch unter dem Schah den Schleier aus Protest gegen eine »Zwangsverwestlichung« getragen hatte, ging nun aus Protest unverschleiert auf die Straße…

Denn die neuen Machthaber hatten umgehend die Scharia eingeführt, das »Gottesgesetz«. Rechte der Frauen? »Das erste Recht der Frau ist das auf einen Ehemann, das zweite das auf die Mutterschaft« (so Ayatollah Taleghani in einem Gespräch mit uns, damals zweiter Mann nach Khomeini und später ermordet). Die Scharia machte nicht nur den Tschador zum Gesetz und das Rauchverbot für Frauen auf der Straße (Es gab ja Zeiten, da rauchte auch »die deutsche Frau« nicht.). Auf der Basis der Scharia wurden unter anderem alle Richterinnen abgesetzt (Frauen sind »zu emotional«, um Recht zu sprechen, und haben auch als Zeuginnen gar keine oder nur eine halbe Stimme), die Polygamie eingeführt (das Recht des Ehemanns auf vier Frauen), die Steinigung bei »Ehebruch« (oder das, was der Ehemann als solchen erklärt), sowie die Todesstrafe für Homosexualität (die ersten Homosexuellen waren bereits exekutiert worden).

Nicht nur die bärtigen Helden der Revolution, auch die verschleierten Frauen an ihrer Seite fanden das richtig, allen voran die neugegründete »Iranische Frauenunion«.

So manche dieser Frauen hatte im Westen studiert und promoviert, ganz wie Sie, Frau Schimmel. Und sie waren beeindruckend! Noch ließen die bodenlangen Mäntel und schwarzen Kopfschleier ihre klugen, charaktervollen Gesichter frei. Ihr Blick war gnadenlos und entrückt zugleich: Die glühenden Khomeini-Anhängerinnen träumten vom Paradies – und waren bereit, dafür die Hölle auf Erden zu machen. Die meisten dieser Frauen lebten übrigens wenige Monate später selbst nicht mehr, ermordet von Khomeinis Schergen. Und viele ihrer Männer, Brüder und Väter erlitten dasselbe Schicksal.

Wir haben in Deutschland eine historische Parallele zu all dem, Frau Schimmel. Bei der Machtübernahme der Nationalsozialisten glaubten auch so manche emanzipierten Frauen – wie Sie es ja zweifellos sind, Frau Schimmel – mit dem Männerwahn paktieren zu können. Sicher, die konsequent den Menschenrechten Verpflichteten, die »Radikalen« Feministinnen mußten sofort ins Exil fliehen. Aber die anpassungsbereiten Reformistinnen versuchten, mitzuschwimmen im Strom der Mächtigen. Es hat ihnen nichts genutzt. Auch ihre Organisationen gingen bald unter, wurden aufgelöst und verboten.

Sie, Frau Schimmel, sind eine schriftgläubige Muslimin, wie jeder Ihrer Zeilen zu entnehmen ist. Das sei Ihnen unbenommen, in unseren westlichen Demokratien haben wir Glaubensfreiheit. Es bestraft Sie auch niemand für das weit verbreitete Übel des Mitläufertums, das, zu seinem eigenen Vorteil, das Leid anderer nicht sehen will. Problematischer wird es schon, wenn man, wie Sie, Beihilfe leistet zur Vertuschung der Verbrechen und selbst die totalitären Ideologien propagiert. Sie, Frau Schimmel, sind sogar so weit gegangen, immer wieder – in Gesprächen wie in Ihren Schriften – das Todesurteil gegen den der »Gotteslästerung« bezichtigten Schriftsteller Salman Rushdie gutzuheißen.

Ein Hohn also, wenn ausgerechnet Sie dafür auch noch den Friedenspreis des Deutschen Buchhandels kriegen sollen! Der steht nämlich für das exakte Gegenteil: für erhellendes Denken, menschliches Mitfühlen und persönliche Courage. Menschen wie Sie aber tragen nicht zum Frieden, sondern zum Unfrieden bei, indem Sie Gewalt- und Machtverhältnisse verschleiern.

Darum, Frau Schimmel, bitte ich Sie: Ersparen Sie uns allen die Peinlichkeit, noch länger darauf bestehen zu müssen – geben Sie diesen so unverdienten Preis freiwillig zurück!

Köln, August 1995

Die wahren Gründe der Ehrung

Alljährlich verleiht der Deutsche Buchhandel seit 1950 einen »Friedenspreis«. Mit diesem Preis wird eine Persönlichkeit geehrt, die »in hervorragendem Maße vornehmlich durch ihre Tätigkeit auf den Gebieten der Literatur, Wissenschaft und Kunst zur Verwirklichung des Friedensgedankens beigetragen hat«. Zur Verwirklichung des Friedensgedankens. Es handelt sich also um einen politischen Preis. Denn nichts ist politischer als der Versuch oder gar das Gelingen, zum Frieden beizutragen. In der entsprechenden Tradition stehen die früheren Preisträger: von Albert Schweitzer, Martin Buber und Ernst Bloch über Alexander Mitscherlich, Gräfin Dönhoff und Astrid Lindgren bis hin zu Alfred Grosser und dem Friedenspreisträger 1994, Jorge Semprun, Schriftsteller, Politiker und Überlebender von Buchenwald.

In diesem Jahr nun wird eine deutsche Frau den Preis erhalten, deren Name bisher nur wenigen ExpertInnen vertraut war: Prof. Annemarie Schimmel, 73, Orientalistin und Mystikerin. Am 6. Mai wurde die potentielle Friedenspreisträgerin in »Tagesthemen« interviewt. Zu sehen war eine freundliche ältere Dame mit weißen Löckchen, die auf die Fragen von Sabine Christiansen aufgeräumt erzählte: »Ich komme gerade von einer zehntägigen Vortragsreise im Iran zurück.« In einem Land, in dem Frauen, wenn überhaupt, nur noch tiefverschleiert die Universität betreten dürfen, liegt die Frage nahe… »Nein, nein«, beruhigte die Deutsche lächelnd. »Als Frau hatte ich noch nie Schwierigkeiten.« Auch im Iran nicht?

Es war dann nicht mehr überraschend, daß die Friedenspreiskandidatin auf die Frage nach der Fatwa, dem »göttlichen« Todesurteil gegen den Schriftsteller Rushdie wegen Meinungsdelikt, die Partei der Täter ergriff und um Verständnis warb. Man, will heißen Rushdie, müsse schließlich »auch Rücksicht auf die Gefühle der anderen nehmen«. Die »anderen« kennt Frau Schimmel offensichtlich genau: »Ich habe erwachsene Männer weinen sehen bei der Lektüre der Satanischen Verse.«

Daß der Iran ausländische Professorinnen an seine Universitäten einlädt, verwundert nicht. Denn die einheimischen sind fast alle vertrieben, ins Haus oder ins Ausland, oder sie sind tot, gestorben durch Mord oder Selbstmord. Wie die 53jährige Ärztin und Psychologie-Professorin Homa Darabi, die sich am 21. Februar 94 aus Verzweiflung über ihre Verjagung von der Universität öffentlich auf dem Chemiran-Platz in Teheran den verhaßten Schleier vom Leib riß und sich verbrannte. Ihre letzten Worte waren: »Tod den Gewaltherrschern! Es lebe die Freiheit! Es lebe der Iran!«

Die designierte deutsche Friedenspreisträgerin hat solche Probleme nicht. Sie wird von dem Land hofiert, das nicht nur von amnesty international der Folter und des politischen Terrors bezichtigt wird. Alle Andersdenkenden müssen seit der Machtübernahme von Ayatollah Khomeini 1979 um ihr Leben zittern. Alle Frauen wurden weitgehend aus dem öffentlichen, beruflichen und politischen Leben vertrieben, das Haus dürfen sie nur noch tiefverschleiert verlassen. Verrutscht der Tschador, werden sie verhaftet und oft auch gefoltert, indem ihnen zum Beispiel der Tschador mit Nägeln auf dem Kopf »festgemacht« wird. Im Iran, dem Zentrum des internationalen islamischen Fundamentalismus, gilt die Scharia, das Gesetz Gottes. Das bedeutet unter anderem: Gefängnis bei Gotteslästerung, Prügelrecht für Ehemänner und Steinigung bei (angeblichem) Ehebruch oder bei Homosexualität.

Es irritierte die deutsche Öffentlichkeit allerdings zumindest teilweise, wie sensibel sich die Friedenspreis-kandidatin in die Rushdie-Jäger eingefühlt hatte. In einem Teil der Medien schwappte Empörung hoch. So gehe es nicht, hieß es. Frau Schimmel habe ihr Verständnis für die Fatwa gegen Rushdie schleunigst zurückzunehmen – oder aber den Friedenspreis abzulehnen.

Zwei Tage später bog Frau Schimmel scheinbar bei und wies »das Mißverständnis« zurück. Vom Börsenverein des Deutschen Buchhandels ließ sie verbreiten, sie lehne »die Fatwa gegen Salman Rushdie ohne Wenn und Aber ab«. Gleichzeitig bestand sie darauf, daß »wir Europäer jedoch auch wissen (müssen), daß durch das Buch von Rushdie Millionen Menschen in ihren religiösen Gefühlen getroffen wurden und sich beleidigt fühlen.« – Selig, wer sich noch beleidigt fühlen kann. Nicht wenige der Andersdenkenden in diesen Ländern haben resigniert oder sind tot...

Doch FAZ und »Frankfurter Rundschau« waren's nun zufrieden, das waren sie übrigens von Anfang an (andere Länder, andere Sitten; christlich-islamischer Dialog etc.). Nur noch einige wenige Hartnäckige stellten weiter Fragen. So wunderte sich »Die Zeit«, daß ausgerechnet eine Wissenschaftlerin mit dem Friedenspreis ausgezeichnet werden soll, »die sich als ›absolut unpolitischen Menschen‹« charakterisiert. Und die »taz« beklagte die »warme mystische Frömmigkeit« des Schimmelschen Weltbildes. Die Forderung nach einer Revidierung der Entscheidung des Börsenvereins wurde laut und lauter.

Doch der Börsenverein denkt nicht daran. Im Gegenteil. Nun treten zwei der insgesamt zehn Preisjuroren (darunter immerhin eine Frau, eine Buchhändlerin) an die Öffentlichkeit: Prof. Wolfgang Frühwald und Prof. Hans Maier, beide Münchener und beide engagierte Katholiken, ergreifen in dem konservativen katholischen »Rheinischen Merkur« das Wort. Maier, Ex-CSU-Minister und Ex-Vorsitzender des »Zentralkomitees deutscher Katholiken«, erinnert daran, daß »in unserem Grundrechtskatalog nicht nur die Meinungsfreiheit, sondern auch die Religionsfreiheit ihren Platz« habe. Und Frühwald, in etlichen katholischen Wissenschaftsgremien in hoher Position sowie Präsident der Deutschen Forschungsgemeinschaft, beklagt gar eine regelrechte »Hexenjagd« gegen Frau Schimmel, diese »weise, gelehrte und zugleich tiefreligiöse Frau«. Er hält über sieben Spalten ein Plädoyer für die »politisch unerfahrene Frau«.

Soll ausgerechnet der Friedenspreis des Deutschen Buchhandels, der ja für Weltlichkeit und Aufklärung steht, an einen »tief religiösen, zutiefst unpolitischen« Menschen verliehen werden? Und das in einer Welt, wo die »Unpolitischen« sich mindestens so schuldig machen wie die Politischen, und wo verbrecherische Politik im Namen Gottes verübt wird?

Wer also ist Annemarie Schimmel? Werfen wir einen genaueren Blick auf den Lebenslauf der 73jährigen. Das offizielle, vom Börsenverein des Deutschen Buchhandels verbreitete und von den Medien unhinterfragt übernommene Porträt weiß vom internationalen Renommee der Islam-Wissenschaftlerin zu berichten, die, so heißt es, mit 16 Abitur machte, ihre Promotion 1941 im zarten Alter von 19 abschloß und heute Harvard-Professorin ist sowie Autorin (bzw. Übersetzerin) zahlloser Bücher.

Auffallend in dieser offiziellen Biographie ist nicht nur ein gewisser Eifer, auffallend ist auch eine Lücke. Eine Lücke zwischen 1941 und 1954. Promotion 1941 in Berlin und Ruf nach Ankara 1954, heißt es da. Und dazwischen? Ein schlichter Blick in den Munzinger gibt Antwort. Unsere »unpolitische« Friedenspreiskandidatin arbeitete von 1941 bis 1945 im Auswärtigen Amt in Berlin als »Über-

169

setzerin«. Ob sie in der Zeit auch nur unpolitische Texte zu übersetzen hatte…?

Schimmels Kontakte zum diplomatischen Corps scheinen nie verlorengegangen zu sein. So schrieb sie 1992 das Vorwort zu Murad Hofmanns Buch »Der Islam als Alternative«. Der Autor, der zu der Zeit noch deutscher Botschafter in Marokko war, konvertierte 1980 zum Islam. In seinem Buch präsentierte sich Murad (der Gewünschte) offen als fundamentalistischer Moslem. Er plädiert für die Scharia und den Gottesstaat und formuliert sein Verständnis für Polygamie und Prügelstrafen für Ehefrauen sowie sein Frauenbild: »Der Islam sieht in der Berufung der Frau zur Mutterschaft ihre vornehmste Aufgabe.« Denn: »Männer stehen Frauen in Verantwortung vor.«

Das war denn doch ein wenig zuviel. Politikerinnen aller Parteien – von Däubler-Gmelin (SPD) über Ursula Männle (CSU) bis Rita Süssmuth (CDU) – forderten die sofortige Absetzung des demokratie- und frauenfeindlichen deutschen Botschafters. Vergeblich. Außenminister Kinkel (FDP) saß die Sache aus. Inzwischen ist Hofmann im regulären und hochdotierten Ruhestand.

Frau Prof. Schimmel, die »Nestorin der deutschen Islamwissenschaft« und ledige Karrierefrau, die ihr Leben lang am liebsten mit ihrer Mutter auf Abenteuerreise ging, würde sich die Konsequenzen des Hofmannschen Weltbildes für ihre eigene Person vermutlich energisch verbitten. Doch sie ist nicht die einzige Frau, die selbst ein Männerleben lebt und das Sklavenleben anderer Frauen ignoriert. Die in ihrem Fach geachtete Wissenschaftlerin versah also das politische Machwerk des Frauen- und Demokratieverachters mit einem freundlichen Geleitwort.

Darin beginnt Schimmel mit der in diesem Jahrhundert so blutig widerlegten Behauptung: »Man haßt, was man nicht kennt.« Als hätten die »Arier« die »Juden« von nebenan nicht bestens gekannt… die Bosnier nicht die Serben… und die Hutus nicht die Tutsis. Auch die aktuelle deutsche Kriminalstatistik meldet, daß die Hemmungslosigkeit der Gewalt in Relation zur Nähe von Täter und Opfer steigt. Beispiel Schlafzimmer. Haß und Gewalt sind eben keineswegs das Produkt von »Fremdheit«, sondern von Macht. Aber das muß ein »unpolitischer« Mensch wohl nicht wissen. Auch nicht, wenn er 73 Jahre alt ist und schon so einiges erlebt hat.

Nicht nur in ihrem Hofmann-Vorwort erweist die Autorin Schimmel sich als, im besten Fall, schlichtes Gemüt – allerdings nicht als unpolitisch. Denn allein schon die Tatsache, daß sie dieses Vorwort geschrieben hat, ist ein Politikum. Da ist es nur konsequent, wenn Schimmel darin für den »uralten Brauch« der »Verhüllung des Haares« wirbt. Ihr Rushdie-»Ausrutscher« war eben keineswegs ein »Mißverständnis«, sondern zwingender Teil ihres Weltbildes.

Schimmels nächstes Buch wird sich mit dem »Entziffern von Gotteszeichen quer durch die großen Religionen« beschäftigen, entnehmen wir dem »Börsenblatt«. Langsam wird deutlich, warum sich ausgerechnet die Erz-Katholiken Frühwald und Maier so für die Islamistin einsetzen. Die Nominierung Schimmels scheint ein Produkt des »christlich-islamischen Dialogs« zu sein, der zuletzt im Herbst 1994 auf der Weltbevölkerungskonferenz in Nairobi so kräftig seine Stimmen erhob. Wir erinnern uns: Der Papst und die Ayatollahs waren sich überraschend einig, zumindest in bezug auf die Frauen und darin, daß Abtreibung Mord sei.

Da ist es nur folgerichtig, daß die »Katholische Frauengemeinschaft« Aminah Erbakan zum »christlich-islamischen Dialog« einlädt, wie im Mai dieses Jahres geschehen. Ausgerechnet Erbakan, die eine zum Islam konvertierte, verschleiert auftretende Deutsche ist und Chefideologin der AMGT (Vereinigung der neuen Weltsicht) – deutscher Ableger der türkischen »Wohlfahrtspartei«, deren Chef, Necmettin Erbakan, aus der Türkei einen Gottesstaat nach iranischem Vorbild machen möchte. Die AMGT wurde 1995 vom Verfassungsschutz als »terroristisch« eingestuft.

»Dank ihres Monotheismus sind uns die, die an Allah glauben, besonders nah«, verkündete der Papst in seinem letzten Buch. Prompt machen sich seine Schäfchen ans Umarmen. Die designierte Friedenspreisträgerin Schimmel aber wird nicht nur von vatikantreuen, fundamentalistischen Christen geliebt. Auch der iranische Botschafter in Bonn, Hossein Mousavian, hat sie von Herzen gern. Via staatliche iranische Nachrichtenagentur »Irna« protestierte er gegen die ungerechte Kritik an der deutschen Friedenspreiskandidatin. Dies lasse die »tiefen Wurzeln des Vulgarismus in der westlichen Gesellschaft klar erkennen« und zeige »die Leere westlicher Demokratien«. Gleichzeitig meldete »Irna«, Annemarie Schimmel habe die angebliche »Entschuldigung« bei Rushdie dementiert, dies sei eine »Fehlinterpretation« ihrer Äußerungen durch die Medien.

Bei all dem ist Annemarie Schimmel, mit Verlaub, austauschbar. Nicht austauschbar ist das, wofür sie steht: nämlich für die Entpolitisierung hochpolitischer Vorgänge, für die Verharmlosung und Verschleierung eines weltweiten religiösen Fanatismus, der der Feind jeder Aufklärung ist. Daß sich ausgerechnet der Deutsche Buchhandel für ein solches Manöver einspannen läßt, ist, gelinde gesagt, befremdlich.

Es stellt sich jetzt die Frage: Wer hat die Kandidatin Schimmel vorgeschlagen? Und wie konnte es passieren, daß ausgerechnet sie ausgerechnet jetzt nominiert wurde?

Aus der Jury ist zu hören: »Die Vorschläge kommen immer von außen.« Man läßt also vorschlagen. Die bisher so unbekannte und keineswegs friedenspreisverdächtige Frau Schimmel soll unter rund 50 Vorschlägen gleich mehrere Male genannt worden sein... Die Tatsache, daß sich acht von zehn Jurymitgliedern bisher bedeckt hielten, deutet allerdings darauf hin, daß nur Maier und Frühwald (»Die waren die einzigen, die Schimmel kannten«) wirklich wußten, was sie taten.

Worum es geht: Antwort auf den Fundamentalismus

Das Buch trägt den provokanten Titel »Muß dieses Kind am Leben bleiben?« In den vergangenen Jahren ist in Deutschland viel über diese Schrift der in Australien lebenden Philosophen Helga Kuhse und Peter Singer gesagt worden (wobei sie bezeichnenderweise meist nur dem Mann Singer zugeschrieben wird). Eines allerdings wurde in dieser ganzen Debatte bisher mit keinem einzigen Wort erwähnt: nämlich daß das Buch – das übrigens nur in Deutschland so vernichtend bekämpft wird – vor allem eine Reaktion auf den Terror christlicher Fundamentalisten ist. Kennzeichnend für die Fundamentalisten aller Religionen ist, daß sie ihre »Gottesgesetze« zu weltlichen Gesetzen für alle machen wollen. Zu ihren zentralen Anliegen gehört die Entrechtung der Frauen ebenso wie die angebliche »Heiligkeit« des Lebens (vor allem des ungeborenen). In den islamischen Ländern, in denen die Fundis an der Macht sind, werden vorgebliche Ehebrecherinnen rechtens gesteinigt und Verseschreiber legal zum Tode verurteilt. Im Namen Allahs.

Im Namen Gottes ziehen auch die neuen christlichen Kreuzzügler gegen alle »Ungläubigen« zu Felde, und das planmäßig, wie auch das Buch von Kuhse und Singer beweist. Diese Fanatiker reagieren vor allem auf die Emanzipations- und Frauenbewegungen der 70er Jahre und sind seit Anfang der 80er wieder in der Offensive. Eines ihrer Hauptanliegen ist der Zwang zur Mutterschaft: Sie sprechen Frauen das Recht auf Abtreibung ab und versuchen, den Erhalt jeglichen menschlichen Lebens zu erzwingen – ganz egal, wie stark der Grad der Behinderung, die Lebensunfähigkeit und das zu erwartende Leid Neu- und Zufrühgeborener ist.

In den USA sind diese christlichen Fanatiker mit Unterstützung der Reagan-Regierung schon ganz schön weit gekommen: sie terrorisieren heute nicht nur Eltern, sondern auch Krankenschwestern und Ärzte – und das mit illegalen Mitteln und legalen Gesetzen. Singer und Kuhse nun zeigen, wie es in Amerika zu der Entmündigung von Eltern und ÄrztInnen durch den Staat kam, sie warnen vor den Gefahren und stehen zu der Herausforderung dieser Entwicklung, die eine nur scheinbar behindertenfreundliche Politik mit sich bringt. Und: Sie benennen ihr Menschenbild, nach dem der Mensch erst dann eine »Person« ist, wenn er ein Bewußtsein von sich selbst, seiner Existenz in Raum und Zeit hat sowie Freude und Leid empfinden kann.

An zwei Beispielen zeigen Kuhse und Singer die Strategie der Lebensrechtler auf – der eine Fall passierte in England, der andere in Amerika: Am 28. Juni 1980 kam in der englischen Industriestadt Dervy das Kind John Pearson zur Welt. Es litt am sogenannten Down-Syndrom (war mongoloid), einer Chromosomenanomalie mit dauerhafter geistiger Behinderung. Hinzu kamen Anomalien von Lunge, Herz und Hirn. Die Eltern erklärten, sie wollten das Kind nicht. Der Arzt gab daraufhin die – im Krankenhausalltag übliche – Anweisung, es »nur pflegerisch« zu versorgen. Am vierten Tag starb das Kind in den Armen einer Krankenschwester. »Wie bei vielen anderen vor ihm wäre wohl auch sein Tod eine Privatangelegenheit zwischen Eltern, Ärzten und Krankenschwestern geblieben«, schreiben Kuhse und Singer. »Wenn nicht jemand vom Krankenhauspersonal die näheren Umstände dieses Sterbens an eine Organisation namens ›Life‹ gemeldet hätte. Diese Organisation hat sich dem Kampf gegen die Abtreibung verschrieben, sieht aber ihr Ziel auch umfassender im ›Schutz des menschlichen Lebens‹.« Die englische Lebensschützerorganisation »Life« erstattete Anzeige gegen den behandelnden Arzt Dr. Arthur. Der Prozeß bewegte das ganze Land, der Arzt wurde letztendlich freigesprochen. »Time«: »Die Frauen riefen: Gott sei dank!«

Knapp zwei Jahre später wurde ein ganz ähnlicher Fall in der amerikanischen Stadt Indiana zum Politikum gemacht. In dem dortigen Bloomington-Hospital kam am 9. April 1982 das Kind John Doe (ein Pseudonym) zur Welt. Es hatte ein Down-Syndrom plus einer Mißbildung der Speiseröhre, wodurch jede Nahrung in die Lunge geriet. Die behandelnden Ärzte stellten zwei Diagnosen: Der eine riet, das Kind nicht weiterzubehandeln (was den Tod bedeutete), der andere riet zur Operation. Die Eltern entschieden sich für die Nicht-Weiterbehandlung.

Nun traten erneut die Lebensrechtler auf den Plan. Obwohl Baby Doe nach wenigen Tagen starb, mobilisierte das »Right to life movement« die Öffentlichkeit. Selbst das Weiße Haus mischte sich ein, und zwar ungewöhnlich rasch. Schon am 30. April 1982 erließ der damalige Präsident Reagan die Anordnung, die Bundesmittel zu streichen bei allen Krankenhäusern, die »Behinderte diskriminieren« (womit hier keine Erwachsenen gemeint sind, sondern Neugeborene – und vermutlich auch Nicht-Geborene).

Knapp ein Jahr später erließ die Reagan-Regierung eine »Anordnung«, deren Befolgung auf die systematische Bespitzelung von Eltern, Ärzten und Krankenschwestern hinausläuft. Danach muß auf jeder Entbindungs-, Wöchnerinnen-, Kinder- und Intensivstation an »auffälliger Stelle« eine »Bekanntmachung« angebracht werden, in der es unter anderem heißt: »Jeder, der Kenntnis davon erhält, daß einem behinderten Kind auf diskriminierende Weise Nahrung oder die übliche medizinische Versorgung versagt wird, wende sich bitte an folgende Stellen: Heißer Draht für behinderte Kinder, Ministerium für Gesundheit…«

Hatten Ärzte und Eltern bei schwerstbehinderten Neugeborenen die Sache bisher unter sich abgemacht, so mischte sich jetzt der Staat ein. Dieser Staat versucht zwar, das Weiterleben schwerstbehinderter Zufrüh- oder Neugeborener zu erzwingen, sorgt aber danach weder für Unterstützung der Eltern noch für ein menschenwürdiges Leben in Heimen. Er läßt die Hilflosen meist einfach »liegen«, das heißt, mit mechanischer Versorgung dahinvegetieren.

Nun stellt sich die Frage: Was ist lebenswert? Und was heißt schwerstbehindert? Kuhse und Singer gehen diesen Fragen sehr genau nach: »Schwerstbehindert« sind nach ihrer Definition zum Beispiel Neugeborene ohne Gehirn, Mongoloide mit zusätzlichem Darmverschluß oder Fälle von Spina bifida: ein gespaltenes Rückgrat, bei dem das Rückenmark offen hervortritt. Also Kinder, die entweder nur eine kurze, immer aber eine stark eingeschränkte und schmerzensreiche Lebenserwartung haben. Da sie noch nicht selbst entscheiden können, kein Bewußtsein von sich haben (noch keine »Person« sind nach der Definition der australischen EthikerInnen), sollten die für sie verantwortlichen Personen entscheiden. Sind Ärzte und Eltern sich nicht einig, soll eine unabhängige Ethikkommission hinzugezogen werden, raten Singer und Kuhse. – Was unendlich viel mehr ist, als bis heute geschieht.

Sicher, das Problem ist nicht neu. Aber es stellt sich verschärft. Nicht nur, weil die Fundamentalisten ihre Glaubenssätze aufzwingen wollen; sondern auch, weil die moderne Medizin auch Zufrühgeborene und Neugeborene weiterleben läßt, die noch vor nicht allzulanger Zeit überhaupt keine Chance gehabt hätten. Denn die Apparatemedizin kann nicht nur das Leben des Menschen (und das oft über das für ihn Verkraftbare hinaus) verlängern — die Apparatemedizin kann inzwischen auch den Eintritt in dieses Leben erzwingen (wie es im Fall des Erlanger Babys versucht wurde). Der entscheidende Unterschied: Erwachsene können — und müssen! selbst entscheiden. Neugeborene aber können das nicht.

Es geht bei dieser Debatte also nicht nur um die völlig falsche Unterscheidung zwischen »passiv sterben lassen« und »aktiv töten« (wie es die »Frankfurter Rundschau« in einem Gespräch mit Singer unterstellte), sondern auch um die Frage: Dürfen wir in jedem Fall mit allen Mitteln zum Leben zwingen? Die Unterscheidung in passiv und aktiv ist in Wahrheit moralisch irrelevant, denn es ist gleich unmoralisch und tödlich für den Betroffenen, ob man ihn ins Wasser stößt oder nicht rauszieht. Auch sind die Grenzen zwischen medizinischem Nicht-Handeln und Handeln längst fließend. Aber die Frage, ob wir das Recht haben, zum Leben zu zwingen, muß geklärt werden.

Fast alles, was in Deutschland bisher über das Buch geschrieben wurde, wurde ganz offensichtlich in Unkenntnis des Textes getan, denn die Reaktionen bezogen sich selten auf das Buch selbst, sondern arbeiteten meist mit Unterstellungen. Auch wurde das Erscheinen des Textes auf Deutsch lange mit massiven Drohungen bis hin zu Bombendrohungen verhindert. Wer da drohte? Rechte und Randalierer? Keineswegs. Angebliche Opfer waren es, Menschen, die im Namen von Behinderten auftreten (und es selber sind oder stellvertretend für sie sprechen). Sie behaupten, dieses Buch sei »faschistisch«, denn seine

AutorInnen sprächen Behinderten das Recht auf Leben ab. Obwohl dies schlicht absurd ist, bewegt der Streit seit Jahren die Medizin und ist noch lange nicht zu Ende.

Übrigens, im Ausland werden all diese Fragen mit Gelassenheit diskutiert. Nur in Deutschland schlagen die Wellen so hoch. Ist der Grund dafür wirklich die neue Sensibilität nach der schrecklichen deutschen Einteilung in »wertes« und »unwertes« Leben? Oder spielt nicht auch die gute alte MitläuferInnen-Mentalität des Sich-Raushaltens eine Rolle? Denn es ist ja soviel einfacher, irgendwelche Dogmen und (Gottes)Gesetze entscheiden zu lassen, als sich selbst der Verantwortung zu stellen – und vielleicht sogar zum Handeln bereit zu sein.

Kuhse und Singer plädieren für eben diese Einmischung und Verantwortung. Sie legen ihre Überzeugung dar, das Problem mit seinem Für und Wider und ziehen ihre Schlüsse. Ihr so offenes und gewagtes Denken scheint fremd in dem noch immer vom Schwarz-und-Weiß, Gut-und-Böse, Falsch-und-Richtig geprägten geistigen deutschen Klima, das Ambivalenzen abwehrt, Denkrisiken verfolgt und in Schubladen einschließt. Die Nazis und ihre MitläuferInnen haben eben nicht nur Millionen Menschen getötet, sie haben auch eine ganze Geisteshaltung vernichtet. Und es ist eine tragische Pointe, daß Singer (dessen Denken jemand wie der deutsche Rhetorik-Professor Walter Jens der »Lebensborn-Ideologie« und »Selektion« zu bezichtigen wagt!) selbst Kind geflüchteter Juden ist und drei seiner Großeltern im KZ ermordet wurden.

Sie kriegen wieder Oberwasser, die Selbstgerechten und Fanatiker. Doch diesmal erteilen sie ihre Denkverbote und Gewaltdrohungen nicht im Namen einer Ideologie, sondern im Namen eines Glaubens. Als Emma am 10. Mai 1994 von einer Horde selbsternannter »-ffinnen«

überfallen und ein Teil ihrer Computer zerstört wurde, da erklärten die Attentäterinnen ihre Motive so: Es gehe ihnen um Rache für Emmas »faschistische« Pro-Singer-Position und unsere »rassistische« Kritik am islamischen Fundamentalismus. Emma – die damit zum ersten Mal in ihrer Geschichte Opfer physischer Gewalt wurde – wurde also in beiden Fällen letztendlich von SympathisantInnen der Fundamentalisten angegriffen: im Fall »Faschismus« aus Sympathie mit den christlichen Fundis, im Fall »Rassismus« aus Sympathie mit den islamischen Fundis. Ein Zufall?

In Amerika knallen christliche Fundamentalisten unbotmäßige Ärzte ab wie die Hunde. Und in Deutschland verhindern sie die seit 20 Jahren überfällige Reform des § 218. Es ist – verständlicherweise – als Fortschritt gefeiert worden, als in das neue deutsche Grundgesetz die Passage aufgenommen wurde: »Niemand darf wegen seiner Behinderung benachteiligt werden.« Darüber kann sich nur jede und jeder freuen. Auf den ersten Blick. Auf den zweiten Blick müssen wir uns vor dem Hintergrund dieser Ereignisse fragen: Wer ist »niemand«? Sind das nur körperlich und geistig Behinderte zum Beispiel? Oder zählen dazu auch Föten? Wird dieser Passus sich also eines Tages gegen Schwangere wenden? Wird dank dieser Grundgesetzänderung dann noch nicht einmal mehr der eugenische Schwangerschaftsabbruch erlaubt sein? Komme mir nun kein Behinderten-Politiker mit dem bigotten Argument, schon die vorgeburtliche Schwangerschafts-Diagnose sei »behindertenfeindlich« und das Motiv »Abbruch wegen Behinderung« ein Verbrechen! Auch ich wäre nicht auf der Welt, wenn unsere Müttergeneration das Recht auf Abtreibung gehabt hätte. Ich war, wie so viele Kinder, ein unerwünschtes Kind. Könnte ich das beklagen, wenn es mich nicht gäbe? Gibt mir das, der Dennoch-Geborenen, das Recht, gegen die Abtreibung ungewollter Schwangerschaften zu sein? Nein!

Ebensowenig haben die im Namen Behinderter argumentierenden Ideologen das Recht, von Schwangeren die bewußte Austragung eines behinderten Kindes zu fordern. Die Mutterschaft muß jede Frau für sich entscheiden, egal, ob der Fötus gesund ist oder nicht. Auch eine Frau, die ein behindertes Kind auf die Welt bringen will, die soll das tun können – und zwar mit allen nur erdenklichen gesellschaftlichen Hilfen. Aber hören wir endlich auf, dies den Staat für uns entscheiden lassen zu wollen – er kümmert sich ja auch nicht um die Folgen. Außerdem: Der Staat sind wir. Wir können und dürfen uns nicht vor dem Nachdenken und der Verantwortung drücken.

Die Frage, ob ein schwerstbehindertes Kind weiterleben kann, muß von den Eltern beeinflußt werden können. Ganz wie im Fall der von Kuhse / Singer zitierten, an Spina bifida erkrankten Alison Davies, deren Eltern sie wollten und die heute trotz aller Leiden froh ist, zu leben. Auch dazu will dieses Buch beitragen. Dieses so verteufelte Buch ist ein zutiefst moralisches, verantwortungsbewußtes und zweifelndes Buch – was man von seinen GegnerInnen leider nicht behaupten kann.

Ein Gespräch mit dem Ethiker und Tierrechtler

Als der australische Philosoph Peter Singer am 7. Mai im Bonner Presseclub sein neues Buch »Wie sollen wir leben?« vorstellte – ein Plädoyer für ein »ethisches« statt »egoistisches« Leben – skandierten draußen vor der Tür zwei Stunden lang Frauen und Männer Slogans wie »Mörder Singer!« oder »Singer raus!«. Beim letzteren wurde der gelassen und höflich wirkende Singer blaß. Zu schwer ist die Hypothek der Worte »Singer raus!« für das Kind der vor Rassenwahn Geflüchteten und das Enkelkind der im Konzentrationslager Ermordeten. Doch die Gröler draußen konnte diese Parallele so wenig schrecken wie: die grüne Bundestagsabgeordnete Marina Steindor drinnen, die den Ausschluß des grünen Gründungsmitglieds (!) Peter Singer aus den australischen Grünen forderte; die Grünen-Sprecherin Monika Knoche, die Singer der Befürwortung der »Tötung Behinderter« bezichtigte; den randalierenden Aktivisten der »Anti-Euthanasie-Gruppe Köln«, Eckhard Heinrich, der Singer als »Mörder-Philosoph« beschimpfte. – Obwohl rund 50 Journalisten anwesend waren, wurden die Affronts in der Berichterstattung mit kaum einem Wort erwähnt.

Es scheint wie eine Verschwörung zu sein. Singer ist zum Unberührbaren gemacht worden. Erst nach Jahren der Diffamierung und Hatz ausgerechnet in Deutschland (und sonst nirgends; der »Mörder-Philosoph« ist ein international anerkannter Denker und Moralist) wagt sich hie und da eine differenzierende Stimme hervor.

Eines ist sicher: All diese ProtestlerInnen haben nie ein Wort von Singer gelesen. Denn da steht exakt das Gegenteil von dem Behaupteten – auch wenn diese oder jene unglückliche Formulierung in der Übersetzung vom Englischen ins Deutsche vielleicht auf den ersten Blick Mißverständnisse provoziert. So spricht Singer, der in der westlichen Welt seit Mitte der 70er Jahre vor allem als Tierrechtler bekannt wurde, im Original seiner »Praktischen Ethik« von einem »Leben, das wert ist, gelebt zu werden« (a life worth living) oder eben »nicht gelebt zu werden«. Das hat der Übersetzer unglücklicherweise ausgerechnet mit den Nazibegriffen »lebenswertes« und »lebensunwertes« Leben übertragen. Auch hat vielleicht Singers unbefangener Umgang mit dem Begriff »Euthanasie« (der international ebenso unbefangen für »Gnadentod« steht) im Post-Nazi-Deutschland irritiert. Doch das hätte auf den zweiten Blick geklärt werden können, denn Singers Texte sind immer nachdenkliche, genaue, zweifelnde Plädoyers für Verantwortung und Moral.

In seinem gemeinsam mit der deutschen Philosophin in Australien, Helga Kuhse, geschriebenen Buch »Soll dieses Kind am Leben bleiben?« geht es um die Findung von Kriterien, nach denen unsere Gesellschaft leben und sterben läßt. Bisher wird das bei schwerstbehinderten Neugeborenen entweder in einem jeglicher Kontrolle entzogenen Dunkelraum mehr oder weniger willkürlich von Ärzten entschieden (die damit auch gnadenlos allein gelassen werden) – oder aber das Weiterleben um jeden Preis wird von den neuen Lebensrechtlern erzwungen, auch gegen Eltern und Ärzte.

Das Buch von Singer / Kuhse ist also eine direkte Reaktion auf die Offensive der Lebensrechtler in Amerika und England, die auch in Fällen ein Weiterleben erzwingen, in denen Neugeborene keine physische Überlebenschance und keine psychische Aussicht auf ein bewußtes Leben haben – nicht selten mit dem Resultat, daß diese Kinder jahre- und jahrzehntelang in Heimen unmenschlich dahindämmern.

Was ist ein Mensch? Singers Kriterium ist das »Bewußtsein von sich selbst«: »Daß man sich selbst als Wesen erkennt, das gestern so war, wie es morgen sein wird.«

Willkür der Ärzte, Terror der religiösen Fanatiker und medizinischer Fortschritt machen das öffentliche Nachdenken über diese Frage dringend notwendig. Daß diese Reflektion ausgerechnet in Deutschland mit Gewalt verhindert werden soll, ist vielleicht kein Zufall. Denn die Singer-Gegner von heute sind in der Tat auch die Kinder ihrer Eltern. Eltern, die alle Antworten kannten aber keine Fragen, Tabus aber keine Widersprüche, Gläubigkeit aber keine Selbstverantwortung.

Alice Schwarzer: Ihr Buch »Soll dieses Kind am Leben bleiben?«, das Sie zusammen mit Ihrer Kollegin Helga Kuhse geschrieben haben, ist von Zweifeln und von Verantwortungsbewußtsein geprägt. Schwer verständlich, warum man Sie deswegen so angreift. Ist das überall so, oder nur hier in Deutschland?

Peter Singer: Das ist nur im deutschsprachigen Raum so. Natürlich werden wir im englischsprachigen Raum von den »pro life«-Leuten, den Lebensrechtlern, angegriffen. Aber das haben wir immer erwartet, das ist ja unser deklarierter Gegner. Aber Fortschrittliche...

Schwarzer: Wie erklären Sie sich das?

Singer: Das muß etwas mit der deutschen Vergangenheit zu tun haben, diese außerordentliche Empfindlichkeit gegenüber allem, was möglicherweise mit der Nazi-Denkweise Ähnlichkeit haben könnte.

Schwarzer: Am 7. Mai in Ihrer Pressekonferenz im Bonner Presseclub haben Grüne und Behinderten-Vertreter draußen vor der Tür »Singer raus!« geschrien. Man weiß inzwischen, daß Ihre Eltern vor den Nazis aus Wien flüchten mußten, daß Ihre Großeltern im KZ ermordet wurden. Da müßte man ja auch in bezug auf Ihre Geschichte empfindlich sein.

Singer: Ja, das alles erinnert mich auch an die Bücherverbrennung... Es ist, als gäbe es in Deutschland nur zwei Lager: Richtig oder Falsch, Schwarz oder Weiß, Freund oder Feind. Diese Leute glauben, immer zu wissen, was richtig ist. Und die anderen müssen raus. Ich habe immer angeboten, mich mit diesen Leuten an einen Tisch zu setzen und darüber zu diskutieren, aber sie kommen mit Trillerpfeifen zu meinen Vorträgen. In Zürich zum Beispiel saß eine Gruppe von Behinderten in Rollstühlen vorne. Sie wollten mit mir reden, aber es war unmöglich. Die Leute mit den Pfeifen haben es verhindert. Sie wollten nichts Neues hören, sie wußten schon vorher, was richtig und was falsch ist.

Schwarzer: Die Eltern dieser Leute wußten ja auch schon, was richtig und falsch war... Auf Ihrer Pressekonferenz war deutlich zu spüren, daß das alles für Sie eine große Belastung ist. Warum sind Sie trotzdem wieder nach Deutschland gekommen?

Singer: Welche Alternative gibt es, wenn ich eine Einladung bekomme von Menschen, die mich hören wollen? Wenn ich nicht käme, dann wäre das ein Sieg für die Leute, die mich zum Schweigen bringen wollen. Aber ich weiß, daß nicht alle Deutschen so sind.

Schwarzer: Gerade ist Ihr neues Buch erschienen: »Wie sollen wir leben?« Ihre zentrale These lautet: Es macht Sinn, statt einem »egoistischen« ein »ethisches« Leben zu leben.

Singer: Wir leben am Ende des 20. Jahrhunderts in einer Konsumgesellschaft, in der es gilt, so viel wie möglich zu verdienen, so viel wie möglich zu kaufen und einen höchstmöglichen Lebensstandard zu erreichen. Daraus ergeben sich für mich zwei Probleme: ein ökologisches und ein soziales. Wenn wir alle so leben wollen, wie die Werte der Konsumgesellschaft uns nahelegen, dann geht das mit der Umweltverschmutzung und dem Treibhauseffekt immer so weiter. Eigeninteresse und Egoismus zerstören aber auch das Gemeinwesen. Aber auch unabhängig davon sind materielle Werte keine Lebensziele, die die Menschen wirklich befriedigen können. Denn das Glück, das wir im Konsum suchen, ist immer relativ. Die meisten von uns besitzen heute mehr als unsere Eltern vor 30 oder 40 Jahren, aber das macht uns nicht glücklicher.

Schwarzer: Darum auch die Flucht in eine neue Religiosität und in den Aberglauben. Aber Ihnen geht es ja genau darum: eine Ethik jenseits der Religionen zu entwickeln, eine selbstbestimmte und selbstverantwortete Moral.

Singer: Ja. Früher hat die Religion vielen Menschen einen Lebenssinn gegeben, heute wenden sich immer mehr Menschen von den großen Kirchen ab. Wir haben in diesem Jahrhundert den Versuch erlebt, dem Leben durch marxistische und sozialistische Utopien einen neuen Sinn zu geben, aber das Ergebnis ist ziemlich enttäuschend. Die Frage ist also, was sonst kann uns einen Sinn im Leben geben? Ich versuche in meinem Buch, eine Ethik zu entwickeln, die den Menschen aufzeigt, wie ein sinnvolles Leben auch ohne Religion möglich ist.

Schwarzer: Aber es gibt ja nicht die »Menschen« an sich, sondern Reiche und Arme, Weiße und Schwarze, Männer und Frauen etc. Aus meiner Sicht ist die Kluft, der Interessengegensatz, das Gewaltverhältnis zwischen den Geschlechtern eine der zentralen Ursachen der mangelnden Ethik. Wie soll einer Fremde lieben, wenn er die eigene Frau schlägt und vergewaltigt? Genau diesem zentralen Problem aber tragen Sie überhaupt nicht Rechnung (mal abgesehen von dem üblichen Nischen-Kapitel »Frauen«). Sie geißeln in Ihrem Buch den Rassismus, aber nicht den Sexismus.

Singer: Es stimmt, daß vor allem die Männer vom materiellen Wertesystem und vom Egoismus profitieren. Zumindest denken sie, daß sie davon profitieren. Doch in Wirklichkeit ist das Leben, daß sie dadurch leben, kein gutes Leben in einem ethischen Sinn. Wenn Männer die Ideen meines Buchs befolgen würden, würde sich ihr Leben wahrscheinlich dem Leben von Frauen stark annähern.

Schwarzer: Männer würden menschlicher, aber Frauen, die Ihren gutgemeinten Ratschlägen folgen, würden eher noch »weiblicher«. Sich selbst vergessen und an andere denken – das ist schließlich eine traditionelle weibliche Tugend. Müßten Sie nicht, um zur Vermenschlichung von Frauen und Männern beizutragen, an beide eine gegenteilige Botschaft richten: Männer müssen »weiblicher« werden und Frauen »männlicher«? Sie benennen auch den Gegensatz zwischen Gesellschaft und Familie/ soziale Gemeinschaft und bedauern, daß in einer materialistischen Welt die Werte der Gemeinschaft verlorengehen. Gleichzeitig aber wird gerade die Familie von Frauen in Frage gestellt, als Ort ihrer Isolation, ihrer Ausbeutung und der Gewalt gegen Frauen und Kinder...

Singer: Ich verstehe Ihre Argumentation. Aber ich weiß nicht, was ich den Frauen vorschlagen soll. Sie sollen doch jetzt nicht wie die Männer werden. Natürlich muß man die Geschlechterordnung verändern, aber wird das nicht dann geschehen, wenn Männer und Frauen zusammen ein ethisches Leben führen?

Schwarzer: Einverstanden. Aber das ist die Utopie. Und vor dieser Utopie steht die Realität eines großen Unterschieds und Unrechts. Warum sollte ein Mann, der sein eigenes Kind mißbraucht, sich für ein verhungerndes Kind in Afrika interessieren?

Singer: Richtig. Die Frage ist nur, wie kann man diese Männer ändern? Ich sehe keinen anderen Weg als den, den Männern bewußt zu machen, daß so ein Leben auch für sie kein gutes Leben ist. Wenn man, wie die Frauen, unterdrückt ist und den Standpunkt des Universums einnimmt, erkennt man vielleicht besser, daß man auch für sich selber kämpfen muß.

Schwarzer: Aber das schreiben Sie nicht in Ihrem Buch. Wenn Sie sagen, daß wir lernen müssen, weniger »Ich« und mehr »Wir« zu sagen: bravo – für Männer! Aber wir Frauen haben in der Geschichte noch gar nicht »Ich« gesagt.

Singer: Wenn Männer ethisch umdenken würden, würde dazugehören, daß sich ihr Blick auf die Frau verändert. Es würde bedeuten, daß sie der Frau partnerschaftlich begegnen. Davon gehe ich aus.

Schwarzer: Sie kritisieren den ökonomischen Egoismus, verschweigen aber den patriarchalen Egoismus, der nicht immer deckungsgleich ist mit dem ökonomischen.

Singer: Es gibt ja Frauen, die das schon sehr gut machen – Sie zum Beispiel! Ich will ja nicht Sprecher der Frauenbewegung werden!

Schwarzer: Das sollen Sie auch nicht. Aber da Sie von Beruf Philosoph sind und sich das Nachdenken über eine gerechtere Welt zur Lebensaufgabe gemacht haben, müssen Sie in Ihr Nachdenken auch das Unrecht zwischen den Geschlechtern einbeziehen. Ohne diesen zentralen Konflikt lösen Sie den gordischen Knoten nie.

Außerdem – Sie schaffen es ja sogar, sich in die Tiere hineinzuversetzen – warum dann nicht auch in die Frauen?

Singer: Ich habe immer starke Frauen um mich gehabt. Meine Mutter war Ärztin, sie war die Intellektuelle in unserer Familie. Meine Frau ist auch eine sehr starke Persönlichkeit, die ihren eigenen Weg geht. Und meine Schwester ist Richterin. Vielleicht habe ich daher subjektiv den Eindruck, daß es den Frauen besser geht.

Schwarzer: Faule Ausrede. Mit den gequälten Tieren sind Sie ja auch nicht täglich zusammen und verstehen trotzdem ihr Leid. Profitieren nicht selbst Sie, indirekt, von den Machtverhältnissen zwischen Frauen und Männern? Und ist ein Engagement für Tiere unter diesem Aspekt nicht leichter? Sie haben, schon vor 20 Jahren, das Buch veröffentlicht, das zur Bibel der neuen Tierrechtsbewegung wurde: »Die Befreiung der Tiere«. Dieses Buch erscheint erst jetzt, mit über 20 Jahren Verspätung, in einem großen deutschen Verlag.

Singer: Als ich das Buch damals schrieb, gab es die Tierrechtsbewegung noch gar nicht. Es gab nur die traditionellen, konservativen Tierschutzverbände. Auch ich selbst hatte noch gar kein Bewußtsein. Ich wäre zwar nie auf die Jagd gegangen, aber ich wäre auch nicht auf die Idee gekommen, daß es dabei um ein ethisches Problem gehen könnte. Ich dachte, es genügt, keine Tiere zu quälen, und daß ansonsten zwischen den Tieren und den Menschen alles in Ordnung ist. Anfang der 70er Jahre arbeitete ich als Philosophiestudent an der Oxford University am Thema »Gleichheit«. Natürlich dachte ich zunächst, dabei ginge es nur um die Menschen. Die philosophische Frage lautete: Worauf gründet sich die Forderung nach Gleichheit der Menschen? Zu dieser Zeit lernte ich Freunde kennen, die aus ethischen Gründen vegetarisch lebten, das war damals ziemlich außergewöhnlich. Die fragten mich, wie ich ethisch begründen könne, warum Menschen Tiere bedenkenlos benutzen dürfen. Ich begann also, nach diesem ethischen Grund zu suchen – und fand keinen. Statt dessen stieß ich auf ein Gewaltverhältnis, für das sich die Menschen die Gründe aus der Bibel zusammenbasteln. Wir behaupten, daß Gott uns das Recht gab, über die Tiere zu herrschen. Ich stellte fest, daß es sich ähnlich verhielt wie mit der Herrschaft der Weißen über die Schwarzen oder der Männer über die Frauen. Ich fand, daß auch die Herrschaft der Menschen über die Tiere ein Unrechtssystem ist, das auf Gewalt beruht, und daß wir dringend umdenken müssen. Wir müssen den Gleichheitsgedanken auf die Tiere ausdehnen. Auch Tiere haben Gefühle, sie können Schmerz empfinden, sie haben Interessen.

Schwarzer: Das heißt, Sie sind vom Begreifen zum Mitfühlen gekommen. Sie weisen ja auch in Ihrem neuen Buch auf den künstlichen »Widerspruch« zwischen Gefühl und Verstand hin und zeigen auf, daß konsequentes Nachdenken immer zur Erkenntnis führt. Und Erkenntnis Konsequenz provoziert.

Singer: Ich will nicht behaupten, daß ich Mitte der 70er der erste war, der so dachte, aber noch niemand hatte die Philosophie des Tierrechts in einem Buch dargelegt. Ich erhielt damals sehr viele Reaktionen des Stils: Seit ich Ihr Buch gelesen habe, weiß ich, daß ich nicht alleine so denke.

Schwarzer: Sie haben es nicht beim Schreiben belassen, Sie haben sich auch aktiv in der Tierrechtsbewegung engagiert.

Singer: Ja, als ich zurück in Australien war, haben wir eine »Animal Liberation Group«, eine Tierbefreiungsgruppe, gegründet. Wir haben uns besonders um das

Thema der intensiven Tierhaltung gekümmert. Wir haben demonstriert, Straßentheater gemacht. Zum Beispiel an Weihnachten, da essen die Australier besonders viele Schweine und Truthähne. Wir haben erreicht, daß manche Hühnerfabriken die Käfighaltung aufgaben und die Bodenhaltung einführten. Zum ersten Mal gab es Freiland-Eier im Supermarkt, vorher hatte man noch nie davon gehört. Das ist zwar nur eine kleine Verbesserung für die Hühner, aber immerhin haben die Menschen angefangen, darüber nachzudenken.

Schwarzer: Was schon viel ist. In Ihrem neuen Buch sprechen Sie die Hoffnung aus, daß es möglich sein müßte, wenigstens zehn Prozent der Menschen dazu zu bringen, »ethisch« zu denken, zu fühlen und zu handeln. Sie stellen die These auf, daß ein solches Potential mehr bewirken könnte als ein Regierungswechsel. Würden Sie sagen, daß es diese qualifizierte Minderheit heute in bezug auf die Rechte der Tiere gibt?

Singer: In Großbritannien ja. Dort denken viele Menschen anders über Tiere, als es die Herrschenden tun. Und in der Schweiz gibt es zum Beispiel keine Legebatterien mehr.

Schwarzer: In Schweden auch nicht. Dort hat sich unter anderem Astrid Lindgren gegen die industrielle Tierhaltung stark gemacht.

Singer: Ja, die Tierrechtsbewegung ist immerhin so erfolgreich, daß die Agrarindustrie jetzt mit einem Backlash reagiert – ähnlich wie bei der Frauenbewegung!

Schwarzer: Ja, eben...

Singer: Die Herrschenden waren von beiden Bewegungen überrascht. Sie dachten erst, sie müßten sie nicht ernstnehmen. Jetzt beteuern sie, daß sie schon alles tun, was machbar ist, und stempeln Feministinnen und Tierrechtler als Radikale ab. Sie beschimpfen sie sogar als »Terroristen« oder als »Faschisten«, wie in meinem Fall. Aber davon sollten wir uns nicht abschrecken lassen.

Ist sie eine Verräterin
oder Vorbild für die Frauen?

Es war einige Monate nach Sartres Tod, also 1980/81. Beauvoir hatte, nach einem lebensbedrohlichen Zusammenbruch, begonnen, die Veröffentlichung seiner Briefe vorzubereiten. Ich fragte sie, was denn mit ihren Briefen sei, denn diese einseitige Korrespondenz mache doch wenig Sinn. »Die sind verschwunden!« entgegnete sie bestimmt. »Wo? Das weiß ich auch nicht. Wahrscheinlich sind sie bei dem Attentat der OAS auf Sartres Wohnung in Saint Germain verbrannt.« Wenige Monate nach ihrem Tod 1986 fand ihre letzte Lebensgefährtin, Sylvie le Bon, die Briefe in der Tiefe eines Wandschrankes in Beauvoirs Domizil Rue Schoelcher.

»Mein Leben ist mein Werk«, hat Beauvoir einmal gesagt. So ist es nur konsequent, ihrem vielfältigen Schreiben – den Romanen, Essays, Memoiren und Tagebüchern – jetzt dessen intimste Facette, die Briefe, hinzuzufügen; die Briefe an ihr Alter ego, diesen geschwisterlichen Gefährten, mit dem sie ein »Zwillingszeichen auf der Stirn« verband.

Im Alter von 21 und 23 Jahren hatten Beauvoir und Sartre ihren berühmten »Pakt« fürs Leben geschlossen, der über ein halbes Jahrhundert, bis zu Sartres Tod, währen sollte. Dieser Pakt besagte, daß ihre Beziehung immer vorrangig sein, sie dennoch offen für andere Erfahrungen bleiben, sich aber immer die Wahrheit sagen sollten. Gesagt, getan, nicht ohne Weh und Ach, nicht ohne Kompromisse und immer auf Kosten der »Dritten«.

In den darauffolgenden Jahrzehnten wurde Simone de

Beauvoir zum Mythos: als Frau und Intellektuelle, die mit dem »Anderen Geschlecht« die Jahrhundertanalyse zur Benennung und Befreiung der Frauen schrieb; und als die weibliche Hälfte eines Paares, das nicht nur das Denken und Handeln dieses Jahrhunderts beeinflußte, sondern auch für mehrere Generationen zu dem Modell der »freien Liebe« schlechthin wurde.

Warum aber leugnete Beauvoir zu Lebzeiten die Existenz ihrer Briefe? War es Vergeßlichkeit? Wohl kaum. Denn selbstverständlich muß sie sich voll des Wertes solcher Dokumente bewußt gewesen sein (gerade weil ihre frühen Briefe nicht mit dem Hintergedanken einer späteren Veröffentlichung geschrieben worden sein können). Ihr muß ebenso bewußt gewesen sein, daß ihre Erbin die Briefe finden und veröffentlichen würde – endlich ohne Rücksicht auf die oft so hart betroffenen »Dritten«, was heißt, ohne die Streichungen und Verschlüsselungen, mit denen Beauvoir noch Sartres Briefe entschärft hatte.

Doch nicht nur die Rücksichtnahme auf die »Dritten«, auf die Mitglieder der lebenslangen »kleinen Familie« des Paares (zu der neben Freunden vor allem Ex-Liebhaber und -Lieberhaberinnen der beiden gehörten) hat Beauvoir mit der Veröffentlichung ihrer Briefe zögern lassen. Es gibt noch andere, sehr triftige Gründe: Simone de Beauvoir hatte etwas zu verbergen – und die Briefe enthüllen zwei ihrer bestgehüteten Geheimnisse.

Das eine Geheimnis sind die Schattenseiten ihres Paktes mit Sartre. Und damit ist nicht etwa ihr – mal gelassenes, mal genervtes, mal angstvolles – Tolerieren seiner Affären gemeint. Die hatte sie ja schließlich auch, und zwar noch vor ihm und ebenfalls bis an ihr Lebensende. Nein, damit ist etwas viel Tieferes, Grundsätzlicheres gemeint. Etwas, was vielleicht der Schlüssel zum Innersten dieses Paktes ist. Mehr noch: vielleicht sogar ein Schlüssel zu der Rolle, die die unabhängige Frau von heute in der Liebe und in der Welt überhaupt spielen kann. – Und wovon noch die Rede sein wird.

Das zweite Geheimnis ist Beauvoirs lebenslange Bisexualität. Die hat sie nicht zufällig immer so gelebt, daß sie weder öffentlich wurde noch Sartre sich davon bedroht fühlen mußte. Im Gegenteil: in zahlreichen Dreiecksverhältnissen profitierte er von Beauvoirs Geliebten. Denn sie ist es, die ihre Liebhaberinnen, meist Ex-Schülerinnen von ihr, mit ihm teilt – nie umgekehrt. Und während er in seinen Briefen an sie seine sexuellen Abenteuer mit einer an Grobheit grenzenden, exhibitionistischen Detailversessenheit schildert, ist sie zurückhaltend und läßt maximal ein gewisses Vergnügen, nie aber Leidenschaft mit Frauen durchblicken.

Die beiden scheinen die Maîtres de plaisir zu sein, doch laufen ihnen die »Dritten« mehrfach aus dem Ruder. Sei es, daß sie die Zweiten werden wollen, wie Nelson Algren bei Beauvoir; sei es, daß sie lästig leiden, wie Olga Kosakiewics, Mitte der 30er Jahre die Dritte im Trio. Beauvoir: »Ich wollte sie ihm nicht streitig machen, da ich keinen Zwist zwischen ihm und mir ertragen konnte.« Doch schließlich wußte sie sich nicht mehr anders zu helfen, als die Konkurrentin umzubringen: am Schluß ihres ersten, stark autobiographisch geprägten Romans »Sie kam und blieb« (»L'invitée«: die Eingeladene). Im Leben fließt kein Blut, sondern werden Ex-Geliebte gern in die »kleine Familie« integriert. So heiratet Olga den gemeinsamen Freund Bost, der einst Schüler von Sartre und später inniger Geliebter von Beauvoir war, wovon wiederum Olga nichts erfahren darf...

Oder Bianca Bienenfeld, die Anfang der 40er Jahre ihrer Ex-Lehrerin erfolgreich nachstellt und dann zwischen die beiden gerät. Freundin Bianca scheint sich lebenslang nicht von der Karussellfahrt erholt zu haben – und Beauvoir hatte ebenso lebenslang ein schlechtes Gewissen wegen ihr und all der anderen. In einem Interview 1973 sagte sie mir zu ihrer »notwendigen Liebe« mit Sartre: »Sie ging wirklich ein wenig auf Kosten der Dritten. Das war oft nicht sehr angenehm für sie. Also ist unsere Beziehung durchaus zu kritisieren, denn sie schloß ja manchmal ein, daß man sich den Leuten gegenüber nicht sehr korrekt benahm.«

Als das Erscheinen der Beauvoir-Briefe 1990 in Frankreich enthüllt, daß der »reizende Biber« (wie er sie nennt) seinem »geliebten kleinen Geschöpf« (wie sie ihn vorzugsweise anspricht) die Liaisons mit Frauen meist als »lästig« und unbedeutend darstellt, ist Bianca Bienenfeld – inzwischen verheiratete Lamblin – so verletzt, daß sie, ein halbes Jahrhundert später, zur Abrechnung schreitet. Sie veröffentlicht »Die Memoiren eines getäuschten Mädchens« (»Mémoires d'une fille derangée« – in Anspielung auf Beauvoirs »Memoires d'une fille rangée«). Darin beklagt sie sich bitter über die Skrupellosigkeit des allzu freien Paares.

All das ist Wasser auf die Mühlen derer, die schon lange dem Mythos Beauvoir an den Kragen wollen – wenn auch aus ganz anderen Gründen, und obwohl gerade sie früher daran mitgestrickt hatten. Doch die Zeiten ändern sich. Nicht nur Beauvoirs Werk sei fragwürdig, sondern auch ihr Leben sei alles andere als vorbildhaft, heißt es nun. Die ganze Libertinage sei auf seinem Mist gewachsen. Gedemütigt habe sie ein Leben lang Sartres Harem ertragen. Und Frauen gegenüber habe sie sich schlimmer verhalten als jeder Kerl. Von den verpaßten Wonnen der angeblich so schroff abgelehnten Mutterschaft ganz zu schweigen…

Zu Lebzeiten war Beauvoir geschützt durch den Status

der »Frau an seiner Seite«. Die Demontage begann prompt nach Sartres Tod. Flugs wurde sie zu dem degradiert, wogegen sie ein ganzes Leben lang gekämpft hatte: zur relativen Frau. So erschienen ihre beiden Briefbände – die erst jetzt, einfühlsam übersetzt von Judith Klein, auf Deutsch veröffentlicht werden – 1990 in ihrem französischen Verlag Gallimard bezeichnenderweise mit einem Porträt Sartres auf dem Titel und ohne eine einzige Abbildung der Autorin. Als sei nur noch der Adressat relevant...

Gerade die linke und linksliberale Presse, die einst selbst unreflektiert zur Mythenbildung beigetragen hatte, rechnet jetzt mit den einst so Verehrten ab, vor allem mit ihr. Meist sind die krittelnden Autoren weiblich. Was es nicht einfacher macht. Denn deren Verhältnis zu der »Übermutter« Beauvoir ist fast immer unsouverän und angespannt. So nähert sich selbst ihre Biographin Deidre Bair, mit der Beauvoir in ihren letzten Lebensjahren zahlreiche Gespräche geführt hatte, nicht etwa offen und neugierig ihrem Sujet, sondern voreingenommen und nörgelnd. Sie behauptet sogar, Beauvoir habe in ihren letzten Lebensjahren »kategorisch Mutterschaft und Hausarbeit abgelehnt« – dabei beklagt Beauvoir die auf Kosten von Frauen gehenden heutigen Umstände von Hausarbeit und Mutterschaft. Sie kritisiert zwar die »Weiblichkeit« hart, hat aber ein tiefes Mitgefühl mit den Frauen. Ihre distanzlose Biographin geht noch weiter und beklagt allen Ernstes das Fehlen von »stimmigen und daher befriedigenden Antworten« in Beauvoirs Werk – als schreibe die Philosophin Rezeptbücher.

Überhaupt ist gerade die Reaktion der intellektuellen Frauen auf diese eine Frau, die das Leben von Millionen Frauen – und auch das ihre! – veränderte, kleinlich und engherzig. Sie scheinen sich einerseits blind mit dem Vorbild zu identifizieren, doch das einstige Idol andererseits für ihr eigenes Ungenügen zu hassen. Oder sie leiden daran, von der »großen Schwester« nicht geliebt worden zu sein. So wie die Psychoanalytikerin Luce Irigaray, die sich fast kindlich über die »Distanz« Beauvoirs zu ihr beklagt: »Wie kann man das zwischen zwei Frauen verstehen, die doch hätten zusammenarbeiten können, ja sollen?« fragt sie. Doch warum sollte die bedeutendste Theoretikerin der Gleichheit der Geschlechter (und damit der Menschen überhaupt) die Nähe einer Frau suchen, die wie Irigaray die Abschaffung der »geschlechtlichen Differenz« als »Genozid« bezeichnet, der »vollständiger wäre als jede Vernichtung in der Geschichte«?

Der Konflikt hat also nicht nur psychologische, sondern auch handfeste politische Gründe. Denn die Kritik kommt fast ausschließlich von den sogenannten »Differentialistinnen«, das heißt von Frauen, die, wie die Diskursführerin Hélène Cixous, der Auffassung sind: »Geschlecht ist Schicksal.« Sie stellen nicht wie Beauvoir die Machtfrage, sondern beharren auf einer mythischen Differenz zwischen den Geschlechtern. Beauvoir ist in ihren Augen eine Verräterin der »Weiblichkeit«, denn sie habe einen »männlichen Diskurs«. Für Cixous ist Beauvoir heute »einfach ein Niemand, ein Nichts«.

Die Differentialistinnen vergessen dabei geflissentlich zu sagen, daß Beauvoir von einem entgegengesetzten politischen Konzept ausgeht: Sie ist eine Gegnerin der Verherrlichung eines quasi natürlichen, schicksalhaften Unterschiedes, der die weiblichen und männlichen Menschen definiert. Beauvoirs Ziel ist im Gegenteil die Wiedervereinigung des in eine »weibliche« und eine »männliche« Hälfte geteilten Menschen. Ihre Utopie ist eine »Geschwisterlichkeit« der Geschlechter. Ihr Credo ist der berühmteste feministische Satz dieses Jahrhunderts:

»Man wird nicht als Frau geboren, man wird dazu gemacht.«

Simone de Beauvoir ist eine Frau, sie hat nicht die Wahl. Und sie genießt es. »Die Frau kann nur dann ein vollständiges Individuum sein, wenn auch sie ein geschlechtlicher Mensch ist«, schreibt sie. »Auf ihre Weiblichkeit verzichten hieße, auf einen Teil ihrer Menschlichkeit verzichten.« Doch sie begnügt sich nicht damit. Sie nimmt sich auch als »männlich« definierte Freiheiten.

Sie bricht aus der Enge des bürgerlichen Hauses aus und geht in die Welt. Die Tochter einer Hausfrau gehört zur ersten Generation der weiblichen Elite dieses Jahrhunderts, die Zugang zu der bis dahin ausschließlich Männern vorbehaltenen Bildung hatte. Im Gegensatz zu jemandem wie Virginia Woolf, die lebenslang unter ihrer »Unbildung« litt, machte Beauvoir Abitur und absolvierte die Pariser Eliteschule »École Normale«. Dort ist sie die neunte Frau, die das Philosophie-Diplom macht, und, unabhängig vom Geschlecht, die jüngste Absolventin überhaupt. In ihrem Jahrgang ist sie die Zweitbeste, gleich hinter dem zweieinhalb Jahre älteren Sartre, der allerdings war ein Jahr zuvor durchgefallen.

Simone de Beauvoir wollte von Anfang an beides sein, Objekt und Subjekt, Frau und Mann, Mensch. Sie wollte sich nicht teilen lassen in Kopf oder Körper, in geachtet oder begehrt. »Sie wollte als Intellektuelle und als Frau verführen«, wie Toril Moi in ihrer »Psychographie einer Intellektuellen« schreibt – einer der wenigen Texte, die Beauvoir gerecht werden.

Ein »intertextuelles Netz« nennt Moi die verschiedenen Ebenen des Schreibens von Beauvoir. Die Briefe nun gewähren den unverstelltesten Blick in Leben und Arbeitsweise. Sie spiegeln den Alltag, in all seiner Banalität oder Dramatik, während des Krieges wie im Kalten Krieg. Und sie enthüllen eine Beauvoir, die so ganz anders ist als das Klischee von der strengen Intellektuellen: nämlich eine leidenschaftliche, verzweifelte, übermütige, abenteuerlustige Frau. Ihre Liebeserklärungen an Sartre sind rückhaltlos (»Ich war stark mit Ihnen. Ich dachte nicht, daß Ihre Abwesenheit so herzzerreißend für mich sein würde. Sie kleines Geschöpf aus Fleisch und Blut, mit Ihren kleinen Pullovern dicht um den Hals, Ihrem Lächeln, Ihren beiden zärtlichen kleinen Armen.«). Ihre Verzweiflung über den Krieg ist groß (»Mein Herz ist heute abend eine einzige Wunde.«). Ihre Freude an den wochenlangen Fußwanderungen durch Frankreich und monatelangen Reisen durch die Welt ist mitreißend. Und ihre Passion und ihre Disziplin beim Schreiben sind durch nichts aufzuhalten.

Kurz vor ihrem Tod 1986 habe ich Simone de Beauvoir gefragt, ob es etwas gibt, was sie als Autorin heute anders machen würde. »Ja, ich wäre ehrlicher«, hat sie geantwortet. »Ich habe nicht alles gesagt über meine Sexualität.« Was sie verschwiegen hat, ist, daß sie beides hatte: die Leidenschaft, die man Männern zugesteht – und die Sensibilität, die als Frauensache gilt.

Natürlich war der Pakt einer unangefochtenen Hauptbeziehung mit Sartre bei gleichzeitigen Freiheiten mit Dritten schwerer für die Frau, die Liebe und Sexualität nicht so leicht trennen konnte wie der Mann. Und vermutlich hat sie sich auch darum lebenslang auf keine wirklich ernstzunehmende Frauenbeziehung eingelassen, sondern ihre Liebe zu Frauen durch ungleiche, ihr nicht ebenbürtige Beziehungen in Schach gehalten. Und nicht zufällig hat sie erst gegen das durch Krankheit reduzierte Ende Sartres erstmals einer Frau, Sylvie le Bon, einen größeren Platz in ihrem Leben eingeräumt.

So kommt es, daß ausgerechnet die Autorin, die die klarsichtigsten Texte über Liebe und Sexualität geschrieben und das auch gelebt hat, einen Blindfleck bei der Frage der weiblichen Homosexualität hat. Sie äußert sich zwar im »Anderen Geschlecht« mit einer für diese Zeit unerhörten Aufgeschlossenheit und Toleranz dazu, aber sie kann es nicht zu Ende denken. Die Folge ist eine schwärmerische Idealisierung der »männlichen« Sexualität und des Phallus, dessen symbolische Macht sie nicht wirklich erkennt, sondern den sie allen Ernstes für einen körperlichen Vorsprung des männlichen Geschlechts hält. Dies mindert jedoch nicht ihre Klarsichtigkeit bei der Analyse der »Weiblichkeit«.

»Ich überlegte mir, daß die erste Frage lauten müßte: Was hat es für mich bedeutet, eine Frau zu sein?« erinnert sich die 1908 Geborene an die Vorgeschichte zum zwischen 1946 und 1949 geschriebenen »Anderen Geschlecht«. »Anfänglich hatte ich geglaubt, schnell damit fertig zu werden. Ich hatte nie an Minderwertigkeitskomplexen gelitten, niemand hatte zu mir gesagt: Sie denken so, weil Sie eine Frau sind. Daß ich eine Frau bin, hatte mich in keiner Weise behindert. ›Für mich‹, sagte ich zu Sartre, ›hat das sozusagen keine Rolle gespielt.‹ – ›Trotzdem sind Sie nicht so erzogen worden wie ein Junge: Das muß man genauer untersuchen!‹ Ich untersuchte es genauer und machte eine Entdeckung: Diese Welt ist eine Männerwelt.«

Beauvoirs Entdeckung wurde – fast ein Jahrhundert nach der ersten und schon wieder vergessenen Frauenbewegung – zum Skandal für die Männerwelt (Camus: »Sie haben den französischen Mann lächerlich gemacht!«) und zum Leuchtfeuer in der Geschichte der Bewußtwerdung und Befreiung der modernen Frauen. Und der Mann an ihrer Seite hatte dazu beigetragen. Denn in der Tat war die lebenslange Arbeitsbeziehung der beiden – keiner veröffentlichte je einen Text ohne die

Lektüre des anderen – immer fruchtbarer gewesen als ihre sexuelle Beziehung. Die erlosch sehr früh, nicht zuletzt wegen Sartres »Frigidität« (wie Beauvoir es einmal in einem öffentlichen Gespräch mit ihm genannt hat) – was sicherlich zu der relativen Gelassenheit der beiden »Dritten« gegenüber beigetragen hat.

Doch sie muß geahnt haben, daß sie ihren Anspruch auf Ganzheitlichkeit nur mit der Unterstützung eines Mannes würde realisieren können. Ist das ihr eigentlicher Grund für den lebenslangen Pakt mit dem »männlichen Zwilling«? Dann drängt sich allerdings die Frage auf, ob Beauvoir dafür nicht einen hohen Preis bezahlt hat. So stellt das englische Philosophenpaar Kate und Edward Fullbrook nach Erscheinen von Beauvoirs Briefen die minutiös belegte These auf, Beauvoir sei nicht, wie immer behauptet, die »Schülerin Sartres«, sondern es sei genau umgekehrt: Sie sei die eigentliche Schöpferin des französischen Existentialismus und Sartre ihr »Plagiator«. Fullbrooks belegen in ihrem Buch »The Remaking of a Twentieth Century Legend«, wie Beauvoir das philosophische Konzept des »Anderen«, der »Entfremdung« und der »Transzendenz« in ihrem literarischen Text »Sie kam und blieb« einflocht – und sie beweisen anhand der Tagebücher von Beauvoir und Sartre, daß er diesen Text nicht etwa, wie auch sie bis zuletzt behauptete, erst nach dem Schreiben von »Das Sein und das Nichts« las, sondern davor. Und daß er zuvor völlig konzeptlos gewesen sei, sie aber über Jahre philosophisch zielstrebig auf diese Erkenntnis hingearbeitet habe. Doch Beauvoir selbst habe lebenslang versucht, das zu vertuschen.

War es also etwa die unausgesprochene Bedingung dieses Paktes zwischen einer Frau und einem Mann, daß sie nicht nur mit ihm teilte, sondern ihm Teile ihres Lebens und Denkens abtrat – von den Geliebten bis zu den Erkenntnissen? Und ist es vielleicht überhaupt so, daß Frauen, denen Männer die Gnade der Gleichheit gewähren, sich diese erkaufen müssen – durch Zuarbeit?

Hatte die junge Simone de Beauvoir also den unattraktiven aber brillanten Jean Paul Sartre vor allem gewählt, um an seiner Seite Zugang zu der ihr als randständiger Frau verschlossenen Welt zu haben? Und durfte gerade sie genau darum die Symbiose auf keinen Fall gefährden?

Denn auch einer Ausnahmefrau wie ihr waren ja Grenzen gesetzt. So erzählen die Fullbrooks eine bezeichnende Episode: Als Beauvoir 1937 bei Gallimard, der bereits Sartres »Ekel« veröffentlicht hatte, ihre ersten Erzählungen einreicht, werden die abgelehnt mit der Begründung, diese Texte seien unpassend für eine Frau. Es wird nicht ihre erste und auch nicht ihre letzte Erfahrung dieser Art gewesen sein.

War darum die Symbiose mit Sartre vielleicht auch Beauvoirs Art, sich einen männlichen Spielraum zu holen? Hat sie über ihn das ausagiert, was sie nicht tun durfte? War Sartre also auch für sie nicht nur ein Gegenüber, sondern die ihr fehlende »eine« Hälfte? Eine Art Medium, über das sie, die Frau, »männlich« denken und handeln durfte?

Es ist wahrscheinlich, daß die bedeutendste Intellektuelle dieses Jahrhunderts ohne den Mann an ihrer Seite nie die hätte werden können, die sie ist. Doch: Sie wäre auch nicht Gefahr gelaufen, in seinem Schatten posthum zur relativen Frau, zur »anderen« degradiert zu werden. Allerdings scheint ihr Werk so eindeutig und unverrückbar dazustehen, daß es aktuelle Moden wie die des »Ewigweiblichen« und einer »schicksalhaften Natur des Menschen« auf Dauer wohl unbeschadet überleben wird.

Simone de Beauvoir selbst hat auf jeden Fall nicht nur

überlebt, sondern gelebt. »Ich bin in meinem ganzen Leben niemandem begegnet, der so zum Glück begabt gewesen wäre wie ich«, schrieb sie. Daß dieses »Glück« für alle Menschen, aber gerade für Frauen Grenzen hat, daß es Kompromisse wie Wagnisse fordert, das wußte sie um so vieles besser als ihre kleinlichen Kritikerinnen. »Die heutige Frau ist zwischen der Vergangenheit und der Zukunft hin und her gerissen«, schreibt sie im »Anderen Geschlecht«. »Sie muß sich häuten und sich ihre eigenen Kleider schneidern.«

Alle hier veröffentlichten Texte erschienen in den Jahren 1992 bis 1996 in der EMMA.

Bildnachweis

Seite 114, 126, 130, 138   Bettina Flitner
Seite 146   Helmut Newton / Schirmer & Mosel
Seite 154   Bettina Rheims / Edition Stemmle
Seite 160   Franz Fischer
Seite 174   Dr. Joachim Stark

Alice Schwarzer
Marion Dönhoff

Ein widerständiges Leben
Mit zahlreichen Abbildungen
Gebunden

Alice Schwarzer begegnet Marion Gräfin Dönhoff – das
Ergebnis ist ein überraschendes, passioniertes Porträt
von Deutschlands bedeutendster Journalistin der Pio-
niergeneration.

VERLAG
KIEPENHEUER
& WITSCH